A B

Contraste insuffisant
NF Z 43-120-14

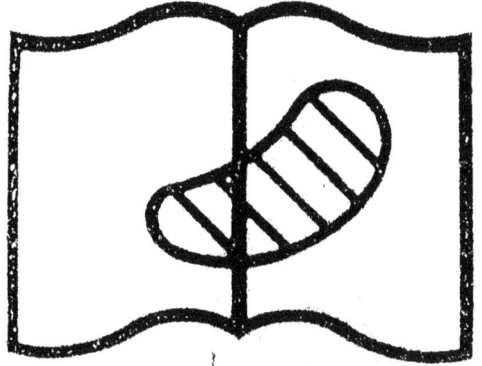

Illisibilité partielle

Valable pour tout ou partie
du document reproduit

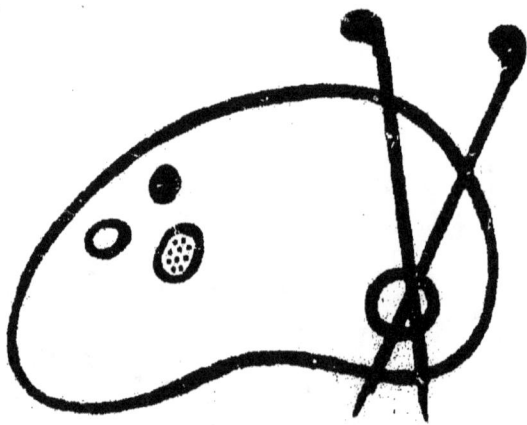

INVENTAIRE

DE

PIÈCES DE TERRE SAINTE

DE

L'ORDRE DE L'HOPITAL

PUBLIÉ PAR

J. DELAVILLE LE ROULX

[Extrait de la *Revue de l'Orient latin*, t. III, pp. 36-106.]

PARIS

ERNEST LEROUX, ÉDITEUR

28, RUE BONAPARTE, 28.

1895

14

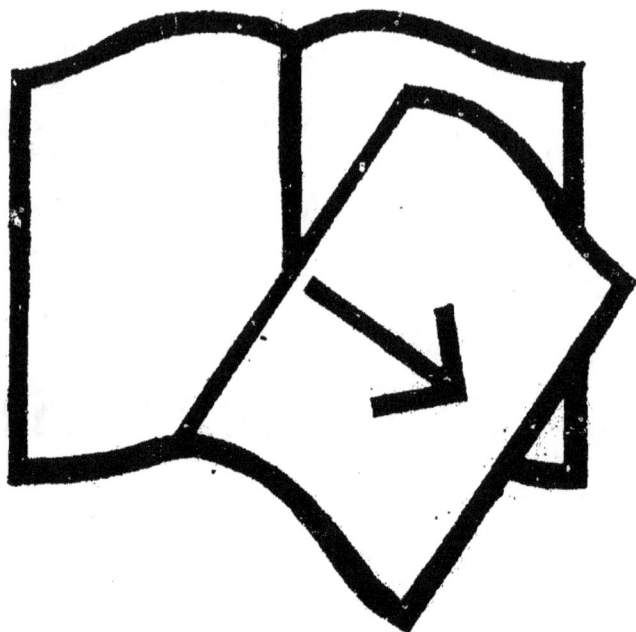

Couverture inférieure manquante

INVENTAIRE

DE

PIÈCES DE TERRE SAINTE

DE

L'ORDRE DE L'HOPITAL

PUBLIÉ PAR

J. DELAVILLE LE ROULX

[Extrait de la *Revue de l'Orient latin*, t. III, pp. 36-106.]

PARIS

ERNEST LEROUX, ÉDITEUR

28, RUE BONAPARTE, 28

—

1895

INVENTAIRE

DE

PIÈCES DE TERRE SAINTE

DE L'ORDRE DE L'HOPITAL

Beaucoup de documents concernant l'histoire de l'ordre de l'Hôpital de Saint-Jean de Jérusalem pendant son séjour en Palestine ne sont pas parvenus jusqu'à nous. Si les vicissitudes subies par les Hospitaliers chassés de Terre Sainte en 1291, réfugiés à Chypre jusqu'à leur établissement à Rhodes en 1310, puis obligés de quitter l'île en 1523, devant les progrès des armes ottomanes, et d'errer en quête d'un asile jusqu'au moment où Charles-Quint leur donna Malte (1530), n'ont pas amené dans leurs archives les pertes qu'on était en droit de redouter, des circonstances postérieures, incurie, ravages du temps, etc., ont sensiblement diminué le fonds de Terre Sainte que, pendant le moyen âge, l'ordre avait conservé avec un soin jaloux et avec le chimérique espoir de pouvoir, un jour ou l'autre, revendiquer les droits et les biens qu'il avait jadis possédés dans les royaumes latins du Levant. Le fait est indéniable, et ressort de la comparaison de l'état actuel du dépôt de Malte, encore fort riche, avec l'état que nous révèlent les ouvrages sur l'Hôpital publiés au siècle dernier ; mais, jusqu'à présent, avec les éléments d'information dont nous disposions, les documents absents ne semblaient pas être dans une proportion importante ; il faut aujourd'hui renoncer à cette illusion ; l'inventaire que nous avons eu la bonne fortune de découvrir

1

ne laisse aucun doute à cet égard, et ce fait même le rend pour nous extrêmement précieux, puisqu'il nous révèle l'existence d'environ trois cents chartes de Terre Sainte absolument disparues.

Cet inventaire, conservé aux archives départementales des Bouches-du-Rhône, à Marseille, sous le titre : *Inventaire des chartes de Syrie*, est dû à un des archivistes du grand prieuré de Saint-Gilles, Jean Raybaud. On sait que la famille à laquelle appartenait le rédacteur de l'inventaire eut, pendant le cours des xviie et xviiie siècles, sept de ses membres qui exercèrent les fonctions de secrétaire ou d'archiviste du grand prieuré. Celui qui nous occupe aujourd'hui, Jean Raybaud, fils d'Antoine Raybaud, succéda à son père (1722-1745); il fut fait commandeur d'Espinas, et, plus tard, de Roquebrune. On lui doit une *Histoire des grands prieurs et du prieuré de Saint-Gilles* [1], restée manuscrite, dont la valeur scientifique ne semble pas considérable.

L'inventaire des chartes de Syrie, qui fait l'objet de la présente publication, se compose de cinquante feuillets, petit in-folio; il comprend trois cent soixante-dix-huit articles, s'étendant de l'année 1107 à l'année 1287; deux copies en existent, l'une à Arles dans les papiers de J.-L. Jacquemin, archéologue Arlésien (Arles, Bibl. publ., ms. 164, p. 157-240), l'autre à Aix dans l'*Histoire des grands prieurs* de Raybaud dont nous venons de parler [2].

Comment expliquer sa présence au dépôt de Marseille? Ce n'est pas là, semble-t-il, qu'on eût pu s'attendre à rencontrer l'analyse du chartrier de Terre Sainte des Hospitaliers, mais bien plutôt à Malte, aux archives centrales de l'ordre? En fait, le fonds analysé par Raybaud appartient aux archives de Malte et y est actuellement conservé; mais, au xviiie siècle, il se trouvait accidentellement, par suite de circonstances qui nous échappent, aux archives du grand prieuré de Saint-Gilles, à Arles [3], et ne fut renvoyé à Malte que sur les réclamations pressantes du grand-maître E. Pinto, en 1742. C'est là que

---

1. Aix, Bibl. publ., ms. 338-9, 2 vol. in-fol., 706 et 509 pp., copie de 1765-6.
2. Aix, Bibl. publ., ms. 339, p. 439-507.
3. Elles furent transportées, pendant la période révolutionnaire, aux archives départementales des Bouches-du-Rhône, à Marseille.

Raybaud l'a dépouillé, avant son renvoi à Malte. L'extrait suivant des délibérations de la Langue de Provence indique, d'une façon précise, les phases de cet épisode de l'histoire des archives de l'ordre :

7 mai 1741. — « M. le commandeur, frère Michel d'Albert « S. Croix, a présenté, de la part de M. le grand prieur de S. Gil- « les, une lettre, à lui écrite par son A. E. Monseigneur le grand « maître [1], par laquelle il est représenté que, dans les archives de « ce grand prieuré, il y a deux sacs, contenant d'anciens titres, du « temps que l'ordre estoit à Jérusalem, qu'il est à propos qu'ils « soient déposés à la chancellerie de nostre ordre, et que son « intention est que lesdicts titres soient consignés entre les mains « de M. le Receveur, après que l'inventaire d'iceux sera fait; de « laquelle lettre il en a requis la lecture et l'enregistrement. — « Le chapitre, après avoir entendu la lecture de ladite lettre, a « délibéré qu'on se conformera aux intentions de S. A. E...... [2] »

Depuis quelle époque et pour quel objet ces pièces de Terre Sainte étaient-elles aux archives de Saint-Gilles? Il est malaisé de répondre à cette question [3]. Les termes de la délibération que nous venons de citer paraissent les considérer comme déposées aux archives du grand prieuré depuis un temps indéterminé; la première idée qui se présente à l'esprit est qu'elles y étaient depuis fort longtemps quand la réclamation du grand-maître se produisit, peut-être même depuis que les Hospitaliers avaient abandonné la Terre Sainte. Ceux-ci auraient alors songé à sauver leurs archives, et Saint-Gilles, le véritable siège de l'ordre en Occident, le port par lequel les établissements occidentaux de l'Hôpital communiquaient

---

1. La lettre du grand maître, à laquelle il est ici fait allusion, était datée du 4 février 1741, à Malte. Elle spécifiait qu'un inventaire serait fait par l'archiviste du grand prieuré et remis en copie au receveur de l'ordre avec les titres, tandis que l'original de l'inventaire serait gardé par l'archiviste (Marseille, Arch. des Bouches-du-Rhône, ordre de Malte, reg. XXVIII des décrets et délibérations de la vénérable Langue de Provence, p. 36). Elle fut enregistrée, par délibération du chapitre, le 8 mai 1741.

2. Marseille, Arch. des Bouches-du-Rhône, ordre de Malte, reg. XVIII des assemblées du chapitre, f. 351 b.

3. On trouve, en 1730, dans un procès-verbal de vérification des titres conservés dans « les vieilles archives de l'Hôtel prieural », mention des « titres venus de la Terre Sainte » (Marseille, Arch. des Bouches-du-Rhône, ordre de Malte, reg. XVIII des assemblées du chapitre, f. 90 b).

avec ceux de l'Orient, leur aurait donné asile. Ce qui semble confirmer cette supposition, c'est qu'au commencement du xviie siècle Peiresc a pris des extraits d'un certain nombre de documents analysés plus tard par Raybaud; c'est enfin que le dépôt de Marseille contient aujourd'hui quelques actes de Terre Sainte [1] et un certain nombre de fragments de même nature récemment recueillis par les archivistes de Marseille à l'état d'étiquettes, dont la présence ne s'explique pas dans le fonds de Saint-Gilles [2].

Mais il y a, contre cette hypothèse, des objections sérieuses. Peiresc peut fort bien avoir eu connaissance, par un correspondant, de pièces conservées à Malte; est-il vraisemblable, en effet, qu'un érudit de sa valeur, s'il avait eu la bonne fortune d'avoir à sa portée un fonds important et de premier ordre, en eût profité aussi peu qu'il l'a fait? ce n'est pas une trentaine, mais plusieurs centaines d'actes, qu'il n'eût pas manqué de lui emprunter. Quant aux pièces de Terre Sainte, actuellement à Marseille, elles sont en petit nombre; presque tous les dépôts d'archives renferment des documents dont la provenance nous échappe, et de ce que celle-ci nous est inconnue, doit-on tirer argument de notre ignorance pour édifier une théorie absolument hypothétique?

A ces raisons générales s'ajoutent d'autres considérations, en contradiction avec l'hypothèse émise plus haut; elles sont tirées de l'étude attentive de l'inventaire. Il convient donc, tout d'abord, de déterminer le contenu des deux sacs conservés à Arles.

Il semble, à première vue, qu'ils renfermaient trois cent soixante-dix-huit documents, ceux même dont les analyses ont été dressées par Raybaud. Rien cependant ne serait moins exact;

---

1. Ces actes sont : 1° Quatre diplômes des rois de Jérusalem en faveur de l'ordre, du xiie siècle, en copies (Arch. des B.-du-Rh., ordre de Malte, H¹ 54); 2° trois pièces de Terre Sainte du xiie siècle, mais ne concernant pas l'Hôpital (H¹ 1155); 3° une pièce concernant les Teutoniques et l'abbaye du Mont-Thabor, xiiie siècle (H³, liasse unique); 4° deux pièces de 1150 et 1157, conservées dans des vidimus pontificaux du xiiie siècle et concernant le Mont-Thabor (H¹ 19).

2. Une de ces étiquettes, presque entière, qui enveloppait la liasse H¹ 466, contient la confirmation par Douce, sœur de Bertrand Milon et femme de Hugues de Lusignan, de la donation des biens que Bertrand Milon avait faite, de son vivant, à l'Hôpital de Montpèlerin. Cette pièce, dont la date manque, doit être attribuée à l'année 1168, d'après la cote ancienne qu'elle porte au dos.

il est facile de s'en convaincre en examinant l'inventaire. Assurément la majeure partie des trois cent soixante-dix-huit documents analysés se trouvait dans les sacs en question, mais ce n'était pas tout, et voici comment nous en avons la certitude :

Quand Pauli prépara son *Codice diplomatico* [1], c'est-à-dire une douzaine d'années avant que Raybaud ne fît l'inventaire qui nous occupe, il eut sous les yeux, à Malte, une collection de chartes de Terre Sainte, qui était, dès cette époque, — les renvois de Pauli en font foi, — reliée, classée et numérotée d'une façon absolue en sept portefeuilles. De ces sept portefeuilles, deux sont aujourd'hui perdus, mais les cinq autres subsistent, quoique mutilés, aux archives centrales de l'ordre, à Malte [2] ; la comparaison du travail de Raybaud avec les actes encore conservés à Malte, et avec ceux qu'a publiés Pauli, prouve d'une façon indubitable que Raybaud a eu en mains ces sept portefeuilles, auxquels il a emprunté la plupart de ses analyses. Or, nous savons que ceux-ci contenaient beaucoup plus de trois cent soixante-dix-huit documents. En outre, diverses pièces, telles que des bulles pontificales, qui ne faisaient pas partie des sept portefeuilles, ont été analysées par Raybaud, et se retrouvent à l'heure actuelle dans diverses sections du dépôt de Malte, ou dans des copies faites par Pauli à Malte et restées manuscrites [3]. Les deux sacs étaient donc composés non seulement des sept portefeuilles connus par Pauli, mais d'un certain nombre de documents étrangers à ces portefeuilles. Quelques-unes enfin des analyses de Raybaud correspondent à des originaux qui sont restés à Arles, et qui existent aujourd'hui dans le fonds du grand prieuré de Saint-Gilles aux archives départementales des Bouches-du-Rhône. Pourquoi ces analyses figurent-elles dans le travail de Raybaud? Est-ce parce que la restitution fut incomplète? La chose n'est pas impossible, mais on peut aussi bien supposer que Raybaud, qui ne s'est pas astreint à

---

1. S. Pauli, *Codice diplomatico del sacro militare ordine Gerosolimitano.* Lucques, 1733-1737, 2 vol. in-fol.

2. Delaville Le Roulx, *Les Archives, la Bibliothèque et le Trésor de Saint-Jean de Jérusalem à Malte.* Paris, 1883, in-8º, p. 12 et suivantes.

3. Lucques, Bibl. publ., ms. 988. Les originaux, sur lesquels ont travaillé Pauli et Raybaud, sont perdus.

faire un dépouillement complet des titres renvoyés à Malte [1], et qui n'a analysé que ce qui lui paraissait intéressant, a pris, dans le fonds de Saint-Gilles, dont il avait la garde, un certain nombre d'analyses dont l'importance lui paraissait capitale. Il poursuivait, en effet, au milieu des devoirs professionnels de sa charge d'archiviste, des travaux personnels sur l'histoire de l'ordre, et amassait des matériaux pour l'*Histoire des grands prieurs de Saint-Gilles* dont nous avons parlé plus haut. Son inventaire y figure aux pièces justificatives, et cette circonstance peut donner quelques indications sur la manière dont il en a conçu l'exécution [2].

Ceci posé, comment Pauli aurait-il consulté à Malte les pièces qui nous occupent, si elles avaient été à Arles? Pauli est formel sur ce point. Il raconte qu'il fit un voyage à Malte, et que, de retour en Italie, il communiqua les résultats de ses recherches à des amis qui l'engagèrent à modifier et à élargir le cadre de son travail, originairement limité à une étude sur la chronologie des grands maîtres. C'est sur les conseils des érudits italiens qu'il se décida à entreprendre son *Codice diplomatico*, tel qu'il nous est parvenu. Il fallut alors recourir, dit-il, à l'obligeance des archivistes de Malte pour compléter les notes prises autrefois par lui. Il semble donc hors de doute que le dépôt de Malte était en possession, dans le premier tiers du xviiie siècle, des pièces venues plus tard à Arles.

N'est-il pas possible de supposer que les demandes répétées de Pauli, adressées à des archivistes souvent embarrassés pour y répondre, aient déterminé le déplacement à Arles des documents que celui-ci avait besoin de consulter? Y avait-il à Arles un érudit capable de donner à Pauli les renseignements qu'il réclamait, ou Pauli vint-il lui-même à Arles travailler sur les actes envoyés de Malte? Nous n'avons aucune donnée sur ces deux points, mais nous remarquons que l'ouvrage de

1. Nous avons la preuve absolue de ce fait; en effet, un assez grand nombre de pièces contenues dans les sept portefeuilles ne figurent pas dans son travail.

2. Ajoutons que Raybaud, dans cette *Histoire*, renvoie à quinze analyses de l'inventaire des Chartes de Syrie (n°s 74 (lisez : 76), 85, 87, 100, 101, 128, 132, 187 (lisez : 91), 216, 248, 259, 287, 348, 354, 377), et a inséré aux *Pièces justificatives* le texte des pièces suivantes: 74 (lisez : 76, extr.), 100, 108, 132 (extr.), 187 (lisez : 91), 348.

Pauli, en dehors des fonds de Malte et des archives Vaticanes, ne contient, pour ainsi dire, que des pièces empruntées aux archives de Saint-Gilles ou aux publications imprimées en Provence. Il y a là une présomption qu'il importait de signaler.

Remarquons enfin que, si cette hypothèse était adoptée, elle expliquerait la présence à Arles, en dehors des portefeuilles, des pièces isolées venues de Malte, que Raybaud a analysées ; Pauli aurait dressé la liste de ses desiderata, et la chancellerie de l'ordre aurait envoyé, en communication, deux sacs renfermant des documents empruntés à diverses sections du dépôt de Malte.

Il semble malheureusement impossible de déterminer d'une façon plus précise l'objet pour lequel les chartes de Terre Sainte vinrent à Arles, et le laps de temps pendant lequel elles y séjournèrent ; nous n'avons pu apporter ici que des hypothèses, et les raisons qui militent pour ou contre elles.

Quoi qu'il en soit, et tel qu'il est, l'inventaire de l'archiviste de Saint-Gilles est d'un intérêt capital pour l'histoire de l'ordre ; les trois cent soixante-dix-huit analyses qu'il renferme portent sur des actes des XIIe et XIIIe siècles, tous relatifs au séjour des Hospitaliers en Palestine. On y trouve non seulement des donations faites à l'Hôpital et des pièces le concernant, mais encore des chartes sur les rapports de celui-ci avec le Temple et les Teutoniques ; en outre, une partie des titres de propriété du Mont-Thabor, antérieurs à l'incorporation de ce monastère à l'ordre, y figurent ; quelques documents sur Sainte-Marie de la Latine s'y rencontrent également. De ces trois cent soixante-dix-huit mentions un cinquième environ est emprunté à des pièces qui subsistent encore aux archives de Malte ; quelques-unes, en dépit de la restitution faite par ordre du grand-maître Pinto, sont actuellement aux archives des Bouches-du-Rhône ; quelques autres, enfin, se réfèrent à des pièces qui nous sont connues par des publications dont les auteurs ont puisé à des dépôts absolument étrangers à l'ordre, par exemple aux chancelleries royales ou pontificales ; elles prouvent que Raybaud a vu les originaux ou les expéditions des pièces, tandis qu'elles ont été imprimées d'après les registres d'enregistrement.

On peut estimer à près de trois cents le nombre des actes

dont l'existence nous est révélée par Raybaud ; la plupart de ceux-ci sont de première importance, n'avaient pas été signalés jusqu'ici, et sont d'autant plus précieux que les originaux paraissent définitivement perdus ; à ce titre seul, ils méritent d'attirer et de retenir l'attention de quiconque s'intéresse à l'histoire des croisades.

Malheureusement, on ne peut avoir dans les analyses de Raybaud qu'une confiance limitée, et il importe de mettre les érudits en garde contre les inexactitudes qu'elles peuvent renfermer. Les constatations que nous avons été amené à faire sur les pièces dont les originaux subsistent, ne plaident pas en faveur de Raybaud ; le lecteur s'en convaincra par les rectifications que nous avons signalées entre crochets. Il convient de n'accepter que sous bénéfice d'inventaire ses affirmations ; mais, sous ces réserves, l'histoire de la Terre Sainte et celle des Hospitaliers peuvent tirer un profit considérable des nouveaux documents contenus dans cet inventaire.

Nous avons, pour publier ces analyses, suivi la numérotation sous laquelle Raybaud les a cataloguées, indiquant, toutes les fois que la chose a été possible, les rectifications qui s'imposaient ; mais nous ne prétendons pas les avoir mentionnées toutes. Ce ne sont, du reste, souvent, pour les dates par exemple, que des approximations qu'un examen plus approfondi permettra de resserrer. Il eût été trop long d'expliquer, pièce par pièce, sur quels arguments nous nous sommes appuyé pour les proposer ; nous prions le lecteur, quand nos conjectures lui sembleront discutables, de se reporter à notre *Cartulaire général des Hospitaliers* en cours de publication. L'érudit qui consultera cet inventaire devra étudier et critiquer chaque analyse avec le soin le plus minutieux, et il n'est pas douteux que, dans plus d'un cas, il ne puisse les améliorer. Nous avons imprimé en petit texte tout ce qui n'appartenait pas à Raybaud, c'est-à-dire la cote des pièces encore existantes, l'endroit où elles sont conservées, et, quand elles ne sont pas inédites, les ouvrages dans lesquels elles sont publiées. Quand les pièces ont été plusieurs fois imprimées, il a paru suffisant de noter un des recueils qui les contiennent.

INVENTAIRE
DES CHARTES DE SYRIE

---

1. 1107. — Donation faite au monastère de Saint-Sauveur du Monthabor par Baudouin, I du nom, roy de Hierusalem, de plusieurs casaux, de l'an 1107, cotté n° 1.

> Malte, Arch. de l'ordre, div. I, vol. 1, n° 1 (orig.). — Ed. Pauli, *Codice diplomatico del sacro militare ordine Gerosolimitano*, I, p. 1, n° 1.

2. 7 juillet 1255 [23 juillet 1255]. — Extrait de la précédente donation [par Baudouin I, en 1107], faite d'authorité du juge de la ville d'Acre, le 7° juillet 1255.

> Malte, Arch. de l'ordre, div. I, vol. 1, n° 2 (vidimus de l'évêque de Tyr et de l'archevêque de Césarée).

3. 1112 [20 juin 1112]. — Confirmation faite par Baudouin, I du nom, roy de Hierusalem, de toutes les donations qui avoient été faites à l'Hôpital de Hierusalem, de l'an 1112, la 12° année de son règne et la 13° de la prise de Jérusalem par les chrétiens.

> Marseille, Arch. des Bouches-du-Rhône, ordre de Malte, H¹ 54, rois de Jérusalem (copie figurée, début du XIII° siècle). — Ed. Delaville Le Roulx, *Cartulaire général des Hospitaliers de Saint-Jean de Jérusalem*, I (Paris, 1894), p. 27, n° 28.

4. 1112. — Confirmation faite par Arnoux, patriarche de Hierusalem, en faveur de l'Hôpital, de tout ce qu'il avoit acquis dans l'étendue de son patriarchat, et le déclare exempt de la dixme des terres qu'il possédoit, de l'an 1112, la première année de son patriarchat.

> Malte, Arch. de l'ordre, div. I, vol. 1, n° 8 (orig.) — Ed. Pauli, *Cod. dipl.*, p. 4, n° 4.

5. 1112 [20 octobre 1125]. — Privilège accordé à l'ordre par Bernard, évêque de Nazareth, par lequel il le déclare exempt du paiement des dixmes dans tout son diocèse, de l'année 1112.

> Malte, Arch. de l'ordre, div. I, vol. 1, n° 13 (orig.). — Ed. Pauli, *Cod. dipl.*, I, p. 8, n° 8.

6. 6 mai 1118. — Confirmation faite par Pierre, archevêque d'Apamée, à l'Hôpital de Jérusalem de tout ce qu'il avoit acquis du comte de Tripoli ou d'autres personnes, qui relevoit de son fief, du jour avant les nones de may 1118.

7. Mai 1122. — Donation faite par Balian, connestable de Joppé, à la considération du roy Baudouin, II du nom, et d'Hugues, comte de Joppé, à l'Hôpital de Saint-Jean de Napoli de Syrie, de quelques dixmes, du mois de may 1122 [1].

> Malte, Arch. de l'ordre, div. I, vol. 2, nᵒ 41 *b* (vidimus de J.,
> abbé du Saint-Samuel, et d'Adam, archidiacre d'Acre, vers 1250). —
> Ed. Pauli, *Cod. dipl.*, I, p. 236, nᵒ 191.

1. Le texte de cette analyse, dans le manuscrit d'Aix (nᵒ 339, p. 439) ajoute : « confirmée par Hugues, seigneur de Rames, Baudouin, son frère, seigneur de « Mirabel, et Balian, en 1222, indiction VIII, épacte XI, concurrent V, au « mois de may », et porte en marge la note diplomatique suivante : « Il faut remarquer sur ce titre : 1ᵒ que l'indiction, l'épacte et le concurrent qu'il porte ne s'accordent point avec l'année 1122, de laquelle il est daté, qui a pour *indiction* : XV, pour *épacte* : XI, et pour *concurrent* : VI ; — 2ᵒ que le sceau en plomb, attaché à cette charte, qui est originale, représente d'un côtté un cavalier armé, tenant la lance de la main droite et le bouclier de la gauche, avec ces mots autour : *sigillum Balduini*, et de l'autre côtté une ville avec cette légende : *civitas Rame*. Ces deux circonstances sont capables de faire doutter que la confirmation de cette charte doive être rapportée à l'an 1122, et qu'elle ne soit intervenüe que dans la suite et dans un temps plus reculé ; quoique tout le contexte de l'acte soit écrit de suite et paraisse l'être de la même main. Il n'y a pas d'apparence, en effet, selon ce qui a été dit dans les notes sur les généalogies d'oultre mer, p. 105 et suiv. (de M. BOUQUIER), que Hugues, fils aîné de Balian, connétable de Joppé, fut appelé seigneur de Rames, ni Baudouin, seigneur de Mirabel en 1122 ; leur père ne portant alors que le titre de connétable de Joppé. Il est même vraisemblable que les trois fils de Balian n'étoient pas tous nés en cette année là. Et pour quelle raison cette donation, faite par Balian, est-elle munie du sceau unique d'un de ses fils, c'est-à-dire de Baudouin ? si ce n'est parce que la charte qui en reste n'est que la copie de celle qui avoit été dressée lorsque Balian vivoit, et véritablement en 1122. A laquelle copie ses trois fils font ajouter leur confirmation par un seul contexte, *uno contextu*, et de deux actes n'en font qu'un. Il est difficile de fixer au juste l'époque de cette confirmation : car on ne sait laquelle des trois notes chronologiques marquées dans cette donation doit servir à en indiquer la vraie année ; parce qu'outre qu'aucune des trois ne vient à 1122, comme il a déjà été dit, elles ne se conviennent pas entre elles. C'est pourquoi, dans l'incertitude de celle qu'il faut ou admettre ou rejetter, le sceau attaché à l'acte semble devoir décider la question ; et puisque c'est celui de Baudouin, et qu'il est représenté comme seigneur de Rames, qu'il paroit d'ailleurs (ubi supra, p. 106) que ce seigneur étoit en possession de la seigneurie de Rames en 1174 et en 1168, cette confirmation doit être rapportée au temps qui suivit la mort d'Hugues et à l'année 1175, avec laquelle quadre l'indiction VIII, marquée dans la datte de ce titre. Car, quoi qu'il y soit fait mention d'Hugues, ce n'est que pour rappeler qu'il avoit de son vivant aprouvé la donation que ses deux frères confirmoient après son trépas. *Quæ dona*, disent-ils, *concessit Hugo Ramatensis, Balduinus, frater ejus, dominus Mirabelli, nec non Balianus,..... confirmavit.* »

8. 1126 [8 février 1128]. — Confirmation faite par Géraud, évêque de Raphanie, de la donation que l'évêque Aymeri, son prédécesseur, avoit faite à l'ordre de quelques casaux, et le déclare exempt des dixmes des terres qu'il avoit dans le terroir de Raphanie ; ladite confirmation faite au grand maître Raymond, du consentement de Pons, comte de Tripoli, et de Bernard, évêque de ladite ville, de l'an 1126 (n° géminé).

> Malte, Arch. de l'ordre, div. I, vol. 1, n° 18 (orig.). — Ed. Pauli, *Cod. dipl.*, I, p. 11, n° 11.

9. 10 janvier 1126 [17 janvier 1126]. — Donation faicte par Balian, conestable de Joppé, au grand maître Raymond d'un casal appelé Algie, du consentement d'Hugues, comte de Joppé, et d'Edme, sa femme, du dimanche dit « Architriclini », qui en cette année tomboit au dix de janvier 1126.

> Malte, Arch. de l'ordre, div. I, vol. 1, n° 17 (orig.). — Ed. Delaville Le Roulx, *Les Archives, la Bibliothèque et le Trésor de l'Ordre de Saint-Jean de Jérusalem à Malte* (Paris, 1883), p. 70.

10. Octobre 1126. — Donation faite par Baudouin, II roi de Jérusalem, à Geofroy Pintard de deux casaux situés dans le terroir de Napoli de Syrie, de l'an 1126, au mois d'octobre.

11. 8 avril 1128. — Donation faite à l'ordre par Geofroy de Flujeac d'un casal, apellé Kalensu, situé dans le terroir de Césarée, entre les mains du grand maître Raymond, en présence du roy Baudouin II et de son armée, qui confirme cette donation, dans le temps qu'il faisoit le dégat de la campagne d'Ascalon, du 6 des ides d'avril 1128.

12. 1129. — Confirmation faite par le roy Baudouin II de toutes les donations qui avoient été faites à l'Hôpital par ses prédécesseurs, et de toutes celles qui lui avoient été faites par plusieurs particuliers dans le royaume de Hierusalem, de l'an 1129.

> Malte, Arch. de l'ordre, div. I, vol. 1, n° 19 (orig.). — Ed. Pauli, *Cod. dipl.*, I, p. 13, n° 12.

13. 4 juillet 1131. — Confirmation faite par Guillaume de Buris, prince de Tibériade, de touts les biens qui avoient été donnés à l'ordre dans l'étendue du terroir de cette ville, du 4 des nones de juillet 1131.

14. 29 janvier 1131. — Donation faite à l'ordre par Baudouin de Corris d'un casal apellé Betefan, situé au terroir de Corris, du 4 des calendes de février 1131.

15. Janvier 1131 [janvier 1133—1134].— Donation faite à l'ordre par Adélaïde, fille de Baudouin II, roy de Jérusalem, et veuve de Boémond II, prince d'Antioche, pour son salut et celuy de Constance, sa fille, d'une maison située dans la ville de Laodicée, du mois de janvier 1131.

Malte, Arch. de l'ordre, div. I, vol. 1, n° 26 (mauvais état). — Ed. Delaville Le Roulx, *Les Archives...*, p. 71.

16. 1132. — Donation de Pons, comte de Tripoli, et de Cécile, sa femme, fille du roy de France Louis VI, dit le Gros, et de leur fils Raimond, du conseil de Pons Guillaume, évêque de Tripoli, Raimond, évêque de Tortose, et Giraud, évêque de Raphanie, faite à Arbert, de la ville de Tortose et d'autres fiefs, de l'an 1132.

17. 13 juillet 1133. — Vente faite au grand maître Raymond Dupuy par un particulier, nommé George, d'une maison dans Jérusalem, du 3 des ides de juillet 1133.

18. 26 septembre 1133. — Donation faite à l'ordre par Baudouin, évêque de Bérithe, d'une maison en Jérusalem entre le four et le moulin de l'Hôpital, sous la réserve d'y pouvoir loger pendant sa vie; et comme il avoit dans la suite échangé cette maison avec Roger Pagan, son frère, qui lui en avoit remis une autre à Bérithe, il fait donation de cette dernière au grand maître Raimond, le 6 des calendes d'octobre, an 1133, sous le règne de Foulques et sous le patriarcat de Guillaume.

Malte, Arch. de l'ordre, div. I, vol. 1, n° 25 (orig.) — Ed. Pauli, *Cod. dipl.*, I, p. 15, n° 14.

19. Décembre 1134. — Donation faite à l'Hôpital de Jérusalem par Gaucelin, fils de Gaucelin, dit le Vieux, comte d'Edesse, d'une gastine apellée Begudel, du mois de décembre 1134.

20. 15 mars 1135. — Jugement rendu par Pons, comte de Tripoli, entre le monastère du Monthabor et quelques particuliers, sujets dudit comte, concernant les bornes de leurs possessions, des ides de mars 1135.

21. 1136. — Confirmation faite par Fouques, roy de Jérusalem, de l'avis de Mélisende, sa femme, et du patriarche Guillaume, de la donation faite à l'ordre par Hugues de Saint-Abraham, du lieu apellé Betgibelin, de l'an 1136.

Malte, Arch. de l'ordre, div. I, vol. 1, n° 33 (copie bullée). — Ed. Pauli, *Cod. dipl.*, I, p. 18, n° 17.

22. 29 février 1136. — Vente faite à l'ordre par Gautier, seigneur de Césarée, d'un casal apellé Betherias, pour le prix de 180 besans, du 2 des calendes de mars 1136.

> Carpentras, Bibl. publ., ms. Peiresc 48, f. 516 (extraits faits au XVIIᵉ siècle).

23. Septembre 1137. — Donation faite par Cécile, veuve de Pons, comte de Tripoli, et le comte Raimond II, son fils, à G. de Margat, son chambrier, d'un jardin et d'un champ où les gens de guerre s'exerçoient au jeu de lance, du mois de septembre 1137.

24. 13 novembre 1138.— Confirmation faite en faveur de l'ordre par Adélaïde, veuve de Boémond II, prince d'Antioche, d'une terre qu'une femme, nommée Grarinot, luy avoit donnée, du 13 novembre 1138.

25. 30 novembre 1138. — Donation faite par Trigaud, chambellan de Raymond I, prince d'Antioche, du consentement du même prince et de Constance, sa femme, fille unique de Boémond le Jeune, II du nom, d'un jardin situé entre le jardin du patriarche et celui de Saint Siméon, de l'an 1138, à la fin du mois de novembre.

26. 9 mars 1139. — Donation faite à l'Hôpital de Hierusalem par Raymond I, prince d'Antioche, gendre et héritier de Boémond [II, le Jeune], de six besans et demy censuels et neuf écus de karrage, qu'il prenoit sur le jardin que Trigaud avoit donné à l'ordre, du 9ᵉ mars 1138, la IIIᵉ année de son règne.

27. 12 mars 1139 [1140]. — Donation faite par Robert de Loges, de l'avis d'Adélayde, princesse d'Antioche, et d'Hodierne, sa femme, d'une gastine, apellée Horari, avec une église et ses autres apartenances, du 12 mars 1139, la 4ᵉ année du gouvernement de Raymond, prince d'Antioche.

28. 1140. — Acte par lequel le grand maître Raymond Dupuy accorde à plusieurs particuliers la jouissance de certaines terres et casaux pendant leurs vies, de l'année 1140.

29. 30 mars 1140. — Lettres patentes d'Alfonse [I] d'Espagne, roi de Portugal, fils d'Henry de Bourgogne, comte de Portugal, et de la reine Thérèse, fille d'Alfonse le Grand, roy de Castille, par lesquelles il confirme à l'ordre, au grand maître Raymond Dupuy, et à frère dom Arias, prieur de Portugal et de Gallice, touts les biens qu'ils avoient acquis dans ses états, exemptant tous les vassaux de l'ordre de la jurisdiction des juges séculiers et du payement de toute sorte de tributs; lesdites lettres étant confirmées par Jean, archevêque de Brague, Bernard, évêque de Coïmbre, et Pierre, élu évêque de Lisbonne, du 3 des kalendes d'avril 1178 de l'ère d'Espagne, qui répond à l'an 1140 de l'ère vulgaire.

Nous connaissons cet acte par une confirmation du 2 mars 1218, conservée à Lisbonne, Arch. de Torre do Tombo, lay. 6, liasse unique, nº 29. — Ed. Lucas de S. Catharina, *Memorias da ordem militar de S. João de Malta*, I (Lisbonne, 1734), p. 226.

30. 3 février 1141. — Transaction passée entre l'Hôpital de Saint-Jean et Robert du Casal de Saint-Gilles, du consentement de Fouques, roy de Hierusalem, et de Mélisende, sa femme, par la médiation de Guillaume, patriarche de Jérusalem, au sujet de la terre d'Emaüs, que ledit Robert avoit donnée à l'ordre moyennant la cense annuelle de 250 besans, du 3 des nones de février 1141 (nº géminé).

Malte, Arch. de l'ordre, div. I, vol. 1, nº 39 (orig.). — Ed. Pauli, *Cod. dipl.*, I, p. 20, nº 20.

31. Sans date [après février 1141]. — Transaction passée entre Guillaume, sixième patriarche de Jérusalem, Pierre, prieur du Saint-Sépulcre, et ses chanoines, d'une part, et l'ordre, par laquelle ce dernier ratifie la convention qu'il avoit passée avec Robert du Casal de Saint-Gilles, touchant la terre d'Emaüs, aux conditions y énoncées.

Malte, Arch. de l'ordre, div. I, vol. 1, nº 40 (orig.). — Ed. Pauli, *Cod. dipl.*, I, p. 22, nº 21.

32. 1142. — Donation faite à l'ordre par Raymond, Iᵉʳ comte de Tripoli, fils de Pons, de la ville de Raphanie et du château de Montferrand, de l'avis de la princesse Cécile, sa mère, de la comtesse Hodierne, sa femme, fille du roy de Hierusalem, de Raymond, son fils, et de Philipe, son frère, de l'an 1142.

Malte, Arch. de l'ordre, div. I, vol. 1, nº 41 (orig.). — Ed. Delaville Le Roulx, *Les archives...*, p. 76.

33. 9 décembre 1143. — Bulle du pape Célestin II, du 5 des ides de décembre 1143, par laquelle il ordonne que l'Hôpital des Teutoniques demeurera soumis à la direction du grand-maitre de l'Hôpital Saint-Jean, lequel pourra y établir un prieur et des religieux pour servir les pauvres malades de leur nation.

Marseille, Arch. des Bouches-du-Rhône, ordre de Malte, H¹ 1, nº 4 (copie figurée de la fin du xivᵉ siècle). — Ed. Delaville Le Roulx, *Les anciens Teutoniques et l'ordre de S. Jean de Jérusalem* dans *Comptes rendus de l'Ac. des Inscr. et Belles-Lettres.* 2ᵉ série, XVI, 342.

34. Octobre 1143. — Donation faite à l'ordre par Gautier de dom Reyer de plusieurs casaux et biens, du mois d'octobre 1143.

35. 1144. — Donation faite par Hugues, seigneur du lieu de Saint-Abraham, de trois casaux, de l'an 1144.

36. Janvier 1145 [7 janvier 1146]. — Privilège accordé par Raymond, comte de Tripoly, du consentement d'Hodierne, sa femme, fille de Baudouin II, roy de Hierusalem, à Pons, abbé du monastère de Monthabor, par lequel il déclare le monastère exempt du payement des droits de péage et autres pour toutes leurs denrées, du mois de janvier 1145, extrait par le juge de la ville d'Acre, le 7 juillet 1245 [lisez 1255, comme Pauli a imprimé].

> Malte, Arch. de l'ordre, div. I, vol. 1, n° 44. — Ed. Pauli, *Cod. dipl.*, I, p. 238, n° 193.

37. Novembre 1145. — Donation faite à l'ordre par Adélaïde, veuve de Boémond II, prince d'Antioche, de la redevance de 30 besans, que luy faisoit une abaye située sur un coteau apellé de Rivira, et leur permet de faire construire un four public près la maison de l'ordre à Laodicée, du mois de novembre 1145.

38. 1145. — Acte par lequel il apert que le grand maitre frère Raymond Dupuy avoit acheté d'Agnès, femme d'Eustache Coffal, une terre située à Bechefere, pour le prix de 300 besans, de l'année 1145.

39. 1146. — Donation par Rotgo, second évêque d'Acre des Latins, faite au grand-maitre Raymond Dupuy, de la dixme d'un moulin et d'un terroir contigu, apartenant à l'ordre, de l'an 1146.

40. Juillet 1146. — Donation faite à l'Hôpital de Hierusalem par Raymond I, prince d'Antioche, des bains qui touchoient à la maison que l'ordre avoit à Antioche, du mois de juillet 1146, la dixième année de sa principauté.

41. 1 février 1146 [1 février 1147]. — Confirmation faite par Baudouin, IV roy de Jérusalem, et Mélisende, sa mère, de la transaction que l'ordre avoit passée avec Robert du Casal de S. Gilles, par laquelle il avoit donné à l'ordre la terre d'Emaüs, des calendes de février 1146.

> Malte, Arch. de l'ordre, div. I, vol. 1, n° 50 (orig.). — Ed. Delaville Le Roulx, *Les archives...*, p. 81.

42. 1149. — Échange fait entre l'ordre et Mélisende, reyne de Jérusalem, par lequel l'ordre lui donne les bains qu'il possédoit dans la ville d'Acre, à la rue Saint-Léonard, et la reyne lui remet une maison devant l'église de Saint-Jean-Baptiste et quelques terres, de l'année 1149.

> Malte, Arch. de l'ordre, div. I, vol. 1, n° 52 (orig.). — Ed. Pauli, Cod. dipl., I, p. 28, n° 26.

43. 1149 [1141]. — Donation faite à l'ordre par Jaucelin [II], comte d'Edesse, du consentement ue Béatrix, sa femme, et de Jaucelin, son fils, de plusieurs paysans y énoncés, qui résidoient dans le casal apellé de Sizemborg, qui étoient ses serfs, de l'an 1149.

> Malte, Arch. de l'ordre, div. I, vol. 1, n° 36 (orig.). — Ed. Pauli, Cod. dipl., I, p. 20, n° 19.

44. 1 février 1149. — Donation faite par Raymond I, prince d'Antioche, du consentement de Constance, sa femme, dans laquelle il confirme toutes les donations qui avoient été faites à l'ordre par Boémond le Jeune, père de ladite Constance, et par Tancrède, prince d'Antioche, luy donne de plus un droit de barque dans le lac, et luy confirme touts les dons qui leur seront faits par les seigneurs et autres personnes de ses états, du 1 février 1149.

> Malte, Arch. de l'ordre, div. I, vol. 1, n° 51 (vid. de Pierre, évêque de Valanie, milieu du XIII° siècle). — Ed. Pauli, Cod. dipl., I, p. 27, n° 25.

45. 27 novembre 1150. — Privilège de Robert, archevêque de Nazareth, par lequel il exempte les Hospitaliers de la dixme des terres qu'ils possèdent dans toute l'étendue de son archevêché, excepté l'évêché de Tybériade, des bleds, vins, légumes et bestiaux; souscrit par Reynier, évêque de Sébaste, et Gedouin, évêque de Panéas, du 5 des calendes de décembre 1150.

46. 1150. — Confirmation faite par Constance, princesse d'Antioche, de la donation que Giraud, cytoyen de cette ville, avoit faite à l'ordre, d'une maison, de l'an 1150.

47. 1151. — Echange fait par Reynaud [II], seigneur de Margat, fils de Rainaud Mansoer, et Agnès, sa femme, fille du comte de Tripoli, avec Guillaume de Redos du Casal Blanc et Château Ericium, pour le casal Anodesim et le château de Malavans, de l'an 1151.

48. Janvier 1152. — Donation faite par le grand-maître Raymond Dupuy à Guillaume Martin et sa femme, d'un casal à Laodicée et d'un pâturage, sous la redevance de cent besans de la valeur de trente quatre deniers chacun, du mois de janvier 1152.

49. 1152. — Transaction passée entre l'ordre et Helvide, veuve de Roger Bathnos, au sujet de la vente qu'elle avoit faite à l'Hôpital d'une terre située dans le terroir d'Emaüs, de l'an 1152.

50. 1154. — Donation faite à l'ordre par Hugues, seigneur de Césarée, d'une partie de terre qui joignoit le jardin des Hospitaliers, situé à Caco, où les Suriens avoient coutume de fouler le bled, de l'an 1154.

51. 1155. — Donation faite par Amaury, comte d'Ascalon, de l'avis de la reine Mélisende, sa mère, et de Baudouin III, roy de Hierusalem, son frère, de quatre casaux, nommés Bethtafé, Habde, Bethamamin et Phaluge, en échange de trois autres casaux qui apartenoient aux Hospitaliers, situés dans le terroir d'Ascalon, de l'an 1155.

52. 1155. — Privilège accordé au monastère de Sainte-Marie de la Latine en Hierusalem par le roy Baudouin III, lequel, en suivant l'exemple du duc Godefroy, de son frère Baudouin, I du nom, de Baudouin II, son ayeu, et Foulques, son père, il confirme audit monastère touts les biens qu'il possédoit dans ses états, de l'an 1155. Vidimé par Robert, patriarche de Jérusalem, légat du Saint-Siège, Henry, archevêque de Nazareth, et G., évêque d'Acre, à la réquisition de frère Hugues Revel, grand comandeur, le 3 des nones de février.

53. 1156. — Echange de vignes entre le grand maître Raymond Dupuy et Agnès, femme de Robert de Frandols, de l'an 1156.

54. 30 avril 1158. — Confirmation d'Amaury, comte d'Ascalon, d'une donation faite par Helouise des fruits de six années de quelques casaux, deux jours avant les calendes de may 1158 (n° triple).

55. 1159. — Donation faite par Mélisende, reine de Jérusalem, du consentement du roy Baudouin III, son fils, à la maison de l'Hôpital Saint-Jean de Napoli de Syrie, fondée par le roy Baudouin II, de trois quintaux et trois cent livres d'huile, qu'elle prenoit sur des maisons de cette ville, 1159.

56. 1 juin 1159 [24 mai 1150]. — Acte par lequel Robert du Casal de Saint-Gilles et Odule, sa femme, déclarent avoir donné, du consentement de Fouques, roy de Hierusalem, de Mélisende, sa femme, et de Guillaume, patriarche de Jérusalem, la terre d'Emaüs, ainsi qu'il conste par les privilèges qu'ils ont accordé, sous la redevance de 500 besans, des kalendes de juin 1159.

Malte, Arch. de l'ordre, div. I, vol. 2, n° 1 (orig.). — Ed. Delaville Le Roulx, *Les archives...* p. 85.

57. Septembre 1159. — Donation de Reynaud [de Châtillon], prince d'Antioche, du consentement de Constance, sa femme, faite en faveur de l'Hôpital Saint-Jean, des bains situés à Laodicée avec leurs apartenances, qui joignoient la maison de l'ordre, du mois de septembre 1159.

58. Sans date. — Donation de Guillaume, seigneur de Tibériade, au prieur et aux chanoines de l'église de l'Ascension du mont d'Olivet, d'un casal apellé Caffra, sans datte.

59. Sans date [1135-1142]. — Confirmation de Raoux, second patriarche d'Antioche des Latins, d'une donation faite à l'Hôpital de Saint-Jean par une femme, nommée Richilde, d'une maison sous la redevance de la cense d'un besan, sans datte.

60. Sans date [1 février 1147]. — Confirmation faite par Baudouin III, roy de Hierusalem, et la reine Mélisende, sa mère, de la convention passée entre le grand maître Raymond et Robert du Casal de Saint-Gilles, et Odule, sa femme, au sujet de la terre d'Emaüs (V. plus haut n° **30**), portant que les frères de l'Hôpital luy payeroient une cense de deux cent cinquante besans aux fêtes de Pâques et autant à la fête de Touts les Saints, et, au cas qu'ils manquassent à payer la redevance, ledit Robert pourroit reprendre sa terre sans formalité de justice; la date est déchirée.

Malte, Arch. de l'ordre, div. I, vol. 1, n° 50 (orig.). — Ed. Delaville Le Roulx, *Les archives...*, p. 81.

61. Sans date. — Sommaire de plusieurs donations faites à l'ordre par Guillaume, Arnoux et Amauric, patriarches de Jérusalem, et par d'autres personnes, étant toutes sans date.

62. Sans date [vers 1160]. — Donation faite par Joseph et Jean, frères, enfants de Saba Géorgien, d'un casal apellé en langue arabe « Hara », situé dans la plaine sous la montagne de Saint-Moyse, dite en arabe « Jeham », qui avoit été donné à leur père par Baudouin, II° du nom, roy de Hierusalem, sans datte.

63. Sans date [1160-1168]. — Confirmation faite par Hugues, seigneur de Rama, fils de Balian [d'Ibelin], des terres et jardins que son père et sa mère avoient donné à l'ordre, sans datte. (Cf. plus bas, n° **132**, pièce 1.)

64. Sans date [avant 1139]. — Donation faite à l'Hôpital par Pierre de Brugairolles et Jordane, sa femme, avec l'aprobation de Roger, conestable de Tripoli, d'un serf, nommé Saccus, et d'une pièce de terre.

65. Sans date [vers 1160]. — Acte par lequel un particulier, nommé Soldan, et Bonne, sa femme, font donation à l'ordre de la troisième partie de leurs biens, en considération de ce que Raoul a été receu donné de l'ordre, sans datte.

66. — Donation faite à l'ordre par Bernard, patriarche d'Antioche, d'une place qui estoit au devant la maison de l'Hôpital d'Antioche, pour y faire construire une écurie, sans datte.

67. Sans date [vers 1160]. — Vente faite à l'ordre par Gilles d'une maison située à la rue de David, pour le prix de 900 besans, sans datte.

68. Sans date. — Liste de plusieurs personnes qui donnent à l'ordre leurs armes et leurs chevaux, sans datte.

69. 29 novembre 1160. — Donation faite à l'ordre par Baudouin III, roy de Hierusalem, entre les mains du grand-maître Auger, de 50 familles de Bédouins, pourvu qu'elles n'eussent point été au service du roy ou de ses prédécesseurs, du 3 des kalendes de décembre 1160.

Malte, Arch. de l'ordre, div. I, vol. 2, n° 19 (orig.). — Ed. Pauli, *Cod. dipl.*, I, n° 36, p. 37.

70. 1160. — Autre donation faite à l'Hôpital par Hugues de Besans, d'un casal apellé Bugaea, du consentement de Guermond, seigneur de Tibériade, et de Gautier, prince de Galilée, de l'an 1160.

71. 8 avril 1160 [8 avril 1255]. — Bulle du pape Alexandre III [I], par laquelle, en confirmation des grands services et dépenses que l'ordre faisoit pour la garde de la forteresse de Crat, il le déclare exempt du payement de dixmes pour les biens qu'il possédoit audit Crat et aux lieux circonvoisins, soit que les Hospitaliers les tinssent à leurs mains, ou que d'autres personnes les tinssent en leur nom, attendu qu'ils étoient les seuls qui eussent des églises paroissiales dans ces quartiers, du 6 des ides d'avril, l'année première de son pontificat, qui répond à l'an 1160.

Ed. Pauli, *Cod. dipl.*, I, bulle 9, p. 284 (d'après le bullaire F. p. 13). Ce bullaire est aujourd'hui perdu; il en est de même de la bulle originale, d'après laquelle Raybaud a dû transcrire cet acte.

72. 11 janvier 1160 [11 janvier 1256]. — Bulle du pape Alexandre III [I], par laquelle il confirme les donations faites au monastère du Monthabor, donnée à Anagnie le 11 janvier 1160, la seconde année de son pontificat.

73. 15 janvier 1160 [15 janvier 1256]. — Bulle du pape Alexandre III [I], par laquelle il donne à l'ordre le monastère Saint-Lazare de Béthanie, de l'ordre de Saint-Benoît, dans le diocèse de Hierusalem, qui avoit été détruit par les Sarrasins, à condition que l'ordre pourvoiroit à l'entretien de l'abesse et des religieuses, et qu'après leur mort on y mettroit des religieuses Hospitalières en même nombre. Donné à Latran, le 18 des calendes de février, l'année seconde de son pontificat, qui est 1160.

Marseille, Arch. des B.-du-R., ordre de Malte, H¹ 19, n° 120.

74. 11 mars 1162. — Accord fait entre le grand maître Auger et Rainaud, abbé du monastère Sainte-Marie de la Latine, sur le bornage d'une terre, apellée du Pont, et d'un casal nommé Bethfassir; et par le même acte ils font un échange de terre, du 5 des ides de mars 1162.

75. Sans date [1160-1162]. — Accord entre le grand maître Auger et Materine, femme de Raoul Troye, au sujet d'une aumône que son mary avoit faite à l'Hôpital, qui luy devoit 1800 besans, pour lesquels il luy avoit engagé des maisons à Acre et à Jérusalem; et conviennent que si Materine veut vivre en viduité, elle laissera après sa mort 500 besans à l'Hôpital, et que, si elle se marie, elle payera cette somme quinze jours après son mariage, et rendra les dites maisons, sans datte.

76. 1162. — Concession faite par le grand-maître Auger à Raoul Bourdin d'une maison, située à la rue de Saint-Côme, sous la cense de 16 besans, de l'an 1162.

77. 1162. — Donation de Baudouin d'Ybelin, faite à l'Hôpital de Jérusalem, d'une terre située près de la vigne dudit Hôpital, de l'an 1162.

78. 1162. — Donation faite à l'ordre par Géraud, seigneur de Sydon, du droit d'avoir une porte à la muraille de la ville et une autre à l'avant mur, et une place en dehors près des aires, et tout l'avant-mur depuis la tour de Baudouin jusques à la tour de la mer, de 1162.

79. 1163. — Lettres patentes de Boémond III, fils de Raymond, prince d'Antioche, par lesquelles [il confirme] toutes les donations que son père et les autres princes et seigneurs de sa cour avoient faites à l'ordre, et leur donne de plus un droit de bac dans l'étang, de la même manière que les autres seigneurs d'Antioche le possédoient, de l'an 1163.

Malte, Arch. de l'ordre, div. I, vol. 2, n° 23 (vidimus vers 1260).
— Ed. Pauli, *Cod. dipl.*, I, p. 38, n° 37.

80. 1163. — Donation faite à l'ordre par Agnès et Omunde, sœurs, filles de Bertrand Pons, du consentement de leur mari et frères, d'une pièce de terre qui est devant la porte de Saint-Estienne, entre deux cisternes; et, en considération de cela, le grand-maître leur donne 50 besans sarrazinois; ladite donation étant confirmée par Hugues, seigneur de Césarée, de l'an 1163.

81. 23 novembre 1163. — Confirmation faite par Baudouin, seigneur de Mirabel, de la donation que Balisan, son père, et Heluise, sa mère, avoit faite à l'ordre d'un tènement situé au terroir de Mirabel, du 23 novembre 1163.

82. 1163. — Bail passé par Bernard, abbé du monastère de Monthabor, à Pierre de Nîmes de tout ce que son monastère avoit dans le comté de Tripoly, pour le temps de 25 ans, sous la rente de 900 besans, et moyennant 900 besans une fois payés pour le droit d'entrée, de l'année 1163.

Malte, Arch. de l'ordre, div. I, vol. 2, n° 26 (orig.). — Ed. Pauli, *Cod. dipl.*, I, n° 165, p. 208.

83. 10 août 1163. — Transaction passée entre les Hospitaliers et un nommé Estienne, sa femme et ses enfants, pour certaines maisons qui avoient apartenues à Pons Catelan et Jean Calzenat, qui furent partagées entre l'ordre et ledit Estienne, par la médiation d'Arnoul, vicomte de Tyr, du 10 aoust 1163.

84. 1163. — Echange fait entre le grand maître Gibert [d'Assailly] et Hugues, seigneur de Césarée, par lequel le grand maître lui donne un casal apellé Altafia, et Hugues donne au grand maître deux casaux, l'un apellé Zafaira et l'autre Abeiria, de l'an 1163.

85. 1163. — Instrument par lequel Boémond III, prince d'Antioche, seigneur de Montréal et Ebron, confirme à l'ordre de Saint-Jean toutes les donations qui luy avoient été faites par plusieurs seigneurs, de l'an 1163. (V. n° **79.**)

Malte, Arch. de l'ordre, div. I, vol. 2, n° 23 (vidimus vers 1260). — Ed. Pauli, *Cod. dipl.*, I, n° 37, p. 38.

86. 1165. — Donation d'Aymeri [lisez : Baudouin] de Mirabel à l'ordre de Saint-Jean d'une vigne [lisez : terre], située à la porte dudit Mirabel, de l'an 1165.

Malte, Arch. de l'ordre, div. I, vol. 2, n° 31 (orig.). — Ed. Delaville Le Roulx, *Les archives...*, p. 99.

87. 1165. — Donation faite à l'ordre par Reynaud [II, le Mazoir], seigneur de Margat, du consentement de sa femme [Agnès], fille du comte de Tripoli, et d'Amauri et Bertrand, ses enfants, du casal de Toron, de celuy de l'Evêque et de plusieurs fonds de terre, de l'an 1165.

88. 1166 [après 29 avril 1166]. — Donation faite au grand maître Gibert [d'Assailly] par Amauri, roy de Hierusalem, d'un hôpital situé à Napoli de Syrie avec toutes ses apartenances et aumônes, faites tant par les roys ses prédécesseurs que autres personnes, à condition que cet hôpital servira toujours pour les malades, de l'année 1166.

89. 1167. — Confirmation faite par Amaury, patriarche de Jérusalem, de l'échange fait entre l'ordre et Rainaud, abbé du monastère de la Latine, par lequel l'ordre avoit acquis une maison dans la ville de Jérusalem, qui servoit un besan de cense au patriarche, de l'an 1167.

90. 8 janvier 1167 [janvier 1168]. — Donation de Boémond III, fils de Raymond, prince d'Antioche, au grand maître Gibert [d'Assailly], de plusieurs terres et casaux dans la principauté d'Antioche, avec une confirmation de toutes les donations que l'ordre avoit eues de ses prédécesseurs, du 8 janvier 1167.

Malte, Arch. de l'ordre, div. I, vol. 2, n° 43 (orig.). — Ed. Pauli, *Cod. dipl.*, I, p. 43, n° 43.

91. 1167. — Donation faite par Pétronille, fille de Porcel, et son fils Adam à l'ordre d'une maison dans Hierusalem, située à la rue des Syriens, pour laquelle ils recevront par aumône 360 besans, de l'an 1167.

92. 1168. — Confirmation faite par Amaury, roy de Hierusalem, en faveur du grand maître Gibert [d'Assailly], de la vente que Baudouin de Mirabel luy avoit fait, du consentement de sa femme [Richilde] et de ses frères [Hugues et Barisan], d'un casal apellé Sainte-Marie, de l'an 1168.

93. 20 août 1169. — Donation faite par Amaury, roi de Hieru-

salem, à l'Hôpital de Saint-Jean, de la ville de Bulbes et ses apartenances, et autant de terre depuis la ville, en tirant vers la Syrie
jusques à la mer, qu'il en faut pour produire 150000 besans, du
13 des calendes de septembre 1169.

> Malte, Arch. de l'ordre, div. I, vol. 2, nᵒ 53 (orig. auj. perdu).
> — Ed. Pauli, *Cod. dipl.*, I, nᵒ 48, p. 49.

94. Septembre 1169. — Donation faite par Geofroy le Tort à
Guérin, abbé du monastère de Monthabor, d'une cense de douze
besans à prendre toutes les années sur son casal apellé Maucreth,
du mois de septembre 1169.

> Malte, Arch. de l'ordre, div. I, vol. 2, nᵒ 52. — Ed. Pauli, *Cod.
> dipl.*, I, nᵒ 166, p. 209.

95. 1170. — Confirmation faite par Boémond III, prince d'Antioche, en faveur du grand maître Gibert et de l'Hôpital, du château de Crat et de la ville de Raphanie, que Raymond II[I], comte
de Tripoly, qui étoit pour lors prisonnier, leur avoit donné, de
l'an 1170. (V. nᵒ **32**.)

96. Avril 1171. — Donation de Gautier, prince de Galilée, du
consentement d'Eschive, sa femme, et de ses enfants, au monastère Saint-Sauveur de Monthabor, d'une cense de 20 besans sur le
fondigue de Tibériade, au mois d'avril de l'an 1171.

97. Sans date [1163-1169]. — Acte par lequel Robert de Blanche-
cour se rend donné de l'ordre entre les mains du grand maître
Gibert [d'Assailly], et veut que tous ses biens, en cas qu'il meure
sans enfants, lui soient acquis, sans datte.

98. 1172. — Donation faite à l'ordre par une femme Gisle et
Pierre, son fils, d'une maison à Jérusalem à la rue de David, à la
condition qu'ils seroient reçus dans la confraternité de l'ordre,
de l'an 1172.

99. Sans date [1176—1179]. — Chartre par laquelle Constance,
fille de Louis VI, roy de France, comtesse de Saint-Gilles, accorde
aux habitants chrétiens de son casal de Bethduras la faculté de
cultiver les terres en dépendantes, sous la réserve de la quatrième
partie des fruits ; lequel casal cette princesse avoit acheté de Jean
Arabit, avec l'aprobation de Baudouin IV, roy de Jérusalem, et
de l'avis de Baudouin d'Ybelin, de Balian, son frère, Eschive et
Estiennette, ses filles, sans datte. (V. plus bas, nᵒ **114**.)

100. 1173 [fin de 1178-1179]. — Acte par lequel Constance, comtesse de Saint-Gilles, se rend donnée de l'ordre, et lui fait donation du casal de Betheras, situé dans la plaine d'Ascalon.

Malte, Arch. de l'ordre, div. I, vol. 3, n° 7 (orig. perdu). — Ed. Pauli, *Cod. dipl.*, I, n° 52, p. 52.

101. 1 janvier 1173 [1 janvier 1179 ou 1181]. — Bulle du pape Alexandre III, par laquelle il confirme la donation que la princesse Constance avoit faite à l'ordre du casal de Betheras, donné à Tusculum aux calendes de janvier. (V. plus haut, n° **100.**)

Malte, Arch. de l'ordre, div. I, vol. 46 (copie contemp.).

102. 24 décembre 1173. — Lettres patentes d'Amaury, roi de Jérusalem, par lesquelles il confirme la donation que Jean, seigneur d'Arsur, avoit faite à l'ordre de plusieurs possessions, données à Acre le 9 des calendes de janvier 1173.

103. Juin 1174. — Donation d'Amaury, roi de Hierusalem, à l'Hôpital de Saint-Jean et au monastère des religieuses de Sainte-Marie-Majeure, d'une ruelle qui étoit entre ces deux maisons, dont l'entrée commençoit à la rue des Palmiers et de l'autre côté faisoit face à l'église du Saint-Sépulchre, du mois de juin 1174, Amaury étant patriarche de Jérusalem.

Malte, Arch. de l'ordre, div. I, vol. 3, n° 18 (orig.). — Ed. Pauli, *Cod. dipl.*, I, p. 243, n° 200.

104. 1174. — Donation faite au grand maître Jaubert par Amaury, roy de Jérusalem, de 230 besans à prendre tous les ans sur une maison qu'il avoit à Napoli, en échange du casal et de la rivière d'Amos, de l'an 1174.

105. 1174. — Confirmation d'Amaury, roi de Jérusalem, à l'ordre d'un casal situé sous la tour de David [à Jérusalem], entre le chemin qui conduit à Bethléem et le chemin qui va à Haceldama, que le grand maître Jaubert avoit acheté d'Alearde, veuve d'Othon de Verdun, et de ses enfants, de l'an 1174.

106. 1174. — Echange fait entre l'ordre et Sybille, abbesse du monastère Sainte-Anne à Hierusalem, de quelques vignes, de l'an 1174, régnant Baudouin IV.

107. Décembre 1174 [13 décembre 1174]. — Rémission faite par Baudouin, seigneur de Rama, du consentement de Balisan, son frère, d'Eschive et Estiennette, ses filles, et d'Aymeri de Lésignan, mary de ladite Eschive, au grand maître Joubert de 200 besans sarrazinois, que l'ordre luy faisoit pour le casal de Sainte-Marie, qu'il luy avoit vendu moyennant 1700 besans, qu'il receut de l'ordre par recognoissance, du mois de décembre 1174, régnant Baudouin IV.

Malte, Arch. de l'ordre, div. I, vol. 3, n° 22 (orig.). — Ed. Pauli, Cod. dipl., 1, n° 202, p. 245.

108. Mars 1174. — Transaction passée entre l'ordre et Géraud, archevêque d'Apamée, par la médiation du patriarche d'Antioche, au sujet des casaux de Tricaria et Homedin, par laquelle ils conviennent que l'ordre gardera le premier et l'archevêque le second, du mois de mars 1174.

Malte, Arch. de l'ordre, div. I, vol. 3, n° 14 (orig.). — Ed. Pauli, Cod. dipl., I, n° 55, p. 56.

109. 29 novembre 1175. — Vente faite par Baudouin, seigneur de Rama, fils de Barisan, du consentement de sa femme et de ses deux filles Eschive et Estiennette, au grand maître Jaubert, d'un casal apellé Caphaer avec toutes ses apartenances, excepté deux charruées de terre que possédoit un Syrien, nommé Bufez, par la concession de Barisan, père dudit vendeur, du trois des calendes de décembre 1175. (V. plus bas, n°s **110, 121** et **132,** pièce n° 4.)

110. 1175 [après 29 novembre 1175]. — Confirmation faite par Eschive, femme d'Aymeri de Lésignan, et Etiennette, femme d'Amaury, fils de Baudouin, vicomte de Napoli, de la vente que Baudouin, seigneur de Rama, leur père, avoit faite à l'ordre du casal Caphaer, moyennant 400 besans, de l'an 1175. (V. n° **109.**)

111. 1175. — Acte par lequel Eudes de Saint-Amand, grand maître des Templiers, s'oblige de donner tous les ans au monastère de Saint-Sauveur du Monthabor la cense annuelle de 20 besans, payables à Acre, pour raison d'un casal apellé Norrit, de l'an 1175.

112. 1176. — Bulle du grand maître Jaubert par laquelle, du consentement du couvent, il donne à l'Hôpital de Hierusalem deux casaux, apellés Sainte-Marie et Caphaer, pour en employer les revenus à fournir du pain blanc aux pauvres pendant toute l'année, de l'an 1176.

Malte, Arch. de l'ordre, div. I, vol. 49, 1re partie, § 28 (rouleau, xive siècle). — Ed. Delaville Le Roulx, Les archives..., p. 126.

113. — 1176. — Confirmation faite par Baudouin IV, roy de Jérusalem, au grand maître Jaubert, d'un casal apellé Casal Moyen près de Kalenson, que Jean d'Arssur avoit vendu à l'ordre moyennant 3000 besans, de l'an 1176.

114. 1176. — Confirmation faite par Baudouin IV, roy de Hie-rusalem, en faveur de la princesse Constance, comtesse de Tou-louse, de la vente que Jean Arabit luy avoit faite du casal Betheras, de l'avis du grand maître Jaubert, de Bérenger, seneschal des Templiers, et du prince Rainaud, donné à Jérusalem, l'an 1176. (V. plus haut, n° **99**.)

> Malte, Arch. de l'ordre, div. I, vol. 3, n° 34 (orig.). — Ed. Pauli, *Cod. dipl.*, I, n° 61, p. 61.

115. 18 novembre 1176. — Donation de Raynoard, seigneur de Néphin, et ses frères Guillaume de Maraclée et Raimond, faite à l'ordre, d'un casal nommé Siroba, duquel Rainoard, leur père, qui avoit été donné de l'ordre, luy en avoit autrefois fait dona-tion; ledit acte ayant été fait en présence de Raymond II, comte de Tripoli, confirmé par lui et scellé de son sceau, de l'an 1176, 18 novembre.

116. 1176 [1175]. — Vente faite par une femme, nommée Gilles, du consentement de Pierre, son fils, à l'ordre d'une maison pour le prix de 850 besans, de l'année 1176.

> Malte, Arch. de l'ordre, div. I, vol, 3, n° 26 (orig.). — Ed. Dela-ville Le Roulx, *Les archives…*, p. 118.

117. 1176. — Confirmation de Baudouin IV, roi de Jérusalem, à Achard de Asino, d'une maison qu'il avoit acquise, située devant Saint-Marc, de l'an 1176.

118. 1176. — Confirmation par Baudouin IV, roi de Jérusalem, de la donation que Robert, seigneur du Casal de Saint-Gilles, avoit faite à l'ordre d'une terre située près dudit casal, de l'an 1176.

119. 1177. — Lettres patentes de Baudouin IV, roy de Jérusa-lem, par lesquelles il confirme au comte Rodrigues, chef de l'ordre militaire d'Avis, et à son ordre, les donations que Raynaud, cy devant prince d'Antioche, et pour lors seigneur de Montréal et d'Ebron, luy avoit fait du consentement d'Estiennette, sa femme, et Hunfroy et Isabelle, ses enfants, de Guillaume, comte d'Ascalon et de Joppé, et de la comtesse Isabelle, sa femme, d'une grande étendue de terrain avec les casaux qui y étoient enclavés, à condi-tion que, s'ils cessoient de faire la guerre contre les Sarrasins, tous ces biens reviendroient à ceux à qui ils appartiennent de droit, se réservant une partie des prises qu'ils fairoient en guerre, de la même manière que les Hospitaliers le pratiquoient, de l'an 1177.

120. 1177 [septembre—31 décembre 1177].—Confirmation de Baudouin, seigneur de Rama, du consentement de Balian, son frère, Eschive et Estiennette, ses filles, de la vente que Georges de Bether avoit faite à Constance, comtesse de St-Gilles, du droit qu'il prenoit sur les contrats qui se faisoient dans le distroit du casal de Betheras, qui apartenoit à ladite comtesse, de l'an 1177.

Malte, Arch. de l'ordre, div. I, vol. 1, n° 4 B (copie, fin du XIII° siècle). — Ed. Delaville Le Roulx, *Les archives...*, p. 127.

121. Sans date [après 29 novembre 1175]. — Confirmation de Baudouin IV, roy de Jérusalem, de la vente que Baudouin, seigneur de Rama, avoit faite à l'ordre, du consentement de Balisan, son frère, de sa femme Isabelle, et d'Eschive et Estiennette, ses filles, du casal Caphaer, pour le prix de 4000 besans, sans datte. (V. n°s **109** et **110.**)

122. Sans date [1171]. — Echange fait entre Bernard, abbé du monastère de Montolivet, et le grand-maître Jaubert, d'un casal, apellé Caphram, qui avoit été donné audit monastère par Guillaume, prince de Galilée, pour plusieurs maisons situées hors des murailles de Jérusalem apartenant aux Hospitaliers, qui rendoient 135 besans de rente; ledit acte passé en présence d'Amalric, patriarche de Hierusalem, du consentement du roy Amaury, sans datte.

Malte, Arch. de l'ordre, div. I, vol. 3, n° 68 (orig. perdu). — Ed. Pauli, *Cod. dipl.*, I, p. 233, n° 188.

123. Sans date. — Confirmation de Reinaud, seigneur de Margat, des donations de plusieurs casaux, biens et droits, qu'il avoit accordés à l'ordre du Temple du vivant de sa femme Agnès, du consentement d'Amaury, Manzoer et Bertrand, ses enfants, la datte étant lacérée.

124. 20 août 1178. — Vente faite par Thomas Robert, fils de Mancel, à l'Hôpital de Hierusalem et au grand maître Roger de Molins, entre les mains de frère Nicolas, hospitalier, d'un casal, nommé Beaude, avec toutes ses apartenances, moyenant 1500 besans une fois payés et la cense annuelle de 200 besans assignée sur des maisons à Laodicée et à Antioche, confirmée par Rainaud, seigneur de Margat, de qui ce casal relevoit, et par Boémond III, fils de Raymond, prince d'Antioche, à condition que ledit casal de Beaude sera possédé par ledit frère Nicolas, sa vie durant, il apartiendra à l'ordre; la dite confirmation étant accompagnée du don de 200 besans à prendre sur le commerce à Laodicée, du 13 des kalendes de septembre 1178.

125. 1 juillet 1178. — Donation de Baudouin IV, roy de Jérusalem, faite du consentement de sa sœur Sibille, comtesse de Joppé, à Baudouin de Chypre de quatre charruées de terre *francice*, situées dans le terroir du casal de Gautier Seagii, apelé en langue arabe « Lahadie », et une maison, apellée du Bain, pour les services que ledit Baudouin luy avoit rendu et au roy son père, des calendes de juillet 1178.

126. Novembre 1178. — Rémission, faite à l'ordre par Raymond de Montolieu et ses frères, de touts les droits qu'ils avoient sur le lieu de Châteaurouge, qui leur avoit apartenu et que Raimond II[I], comte de Tripoli, avoit donné à l'Hôpital de Hierusalem, et pour lequel il avoit donné en échange 400 besans, du mois de novembre 1178.

127. 1178. — Vente d'un jardin faite à l'ordre par Guillaume Fort et sa femme, du consentement de Raimond II[I], comte de Tripoli, et de sa femme Eschive, pour le prix de 200 besans sarrasinois, de l'année 1178.

128. Août 1178. — Donation faite par Raymond II[I], comte de Tripoli, du consentement d'Eschive, sa femme, au grand maître Roger de Moulins, d'une terre située au bourg de Tripoli, au mois d'aoust 1178.

129. 1178. — Donation faite à l'ordre, entre les mains du grand maître Roger de Moulins, par Amaury, vicomte de Napoli, d'une terre située entre trois casaux nommés Turc, Sceletès et Soye, de l'an 1178.

Malte, Arch. de l'ordre, div. I, vol. 2, n° 49. — Ed. H. Prutz, *Malteser Urkunden und Regesten zur Geschichte der Tempelherren und der Johanniter* (Munich, 1883), p. 104.

130. 31 décembre 1178. — Confirmation faite par Baudouin, IV° du nom, sixième roy de Hierusalem, en faveur de Judith, fille de Baudouin II, abesse du monastère Saint-Lazare de Béthanie, de la rémission que le roi Fouques avoit faite à ce monastère du bourg de Béthanie en échange du casal Bethve, que la reine Mélisende, femme du même roi Fouques, le roy Baudouin III, son fils, le roy Amaury, père dudit Baudouin IV, avoient confirmés; et il confirme aussi toutes les donations qui avoient été faites à ce monastère, du 2 des kalendes de janvier 1178.

131. 1179. Donation de Baudouin IV, roy de Jérusalem, au grand maître Roger de Moulins de 40 besans de cense, que Guy de

Scandelion avoit sur la loge de Tyr, et qui luy avoit esté remis par ledit Guy du consentement de Raymond et Gautier, ses enfants, de l'an 1179.

132, n° 1 (rouleau). Sans date [1164-1168]. — Confirmation d'Hugues, seigneur de Rama, fils de Balian, des terres et jardins que ses père et mère avoient donné à l'ordre, faite du consentement d'Agnès, comtesse de Joppé, sa femme, et avec l'aprobation de Baudouin et Balian, ses frères.

132, n° 2 (rouleau). Sans date. — Donation de Balian, seigneur de Napoli et d'Ybelin, et de Marie, reine de Hierusalem, sa femme, faite à la maison de l'Hôpital de Jérusalem, de laquelle ils se disent l'un et l'autre donnés ou confrères, du consentement de Baudouin de Rama, son frère, de deux charruées de terre près de la ville de Rama, sous le règne de Baudouin IV, et sous le magistère de Robert [lisez : Roger] de Moulins.

> Malte, Arch. de l'ordre, div. I, vol. 4, n° 3 (orig.). — Ed. Pauli, *Cod. dipl.*, I, n° 68, p. 68.

132, n° 3 (rouleau). 1175. — Donation de Baudoin, seigneur de Rama, faite au grand maître Joubert, d'un Surien, nommé Jean, avec toute sa famille, du consentement d'Elisabeth, sa femme, et de son frère Balian, de l'année 1175.

> Malte, Arch. de l'ordre, div. I, vol. 3, n° 23 (orig.). — Ed. Pauli. *Cod. dipl.*, I, n° 57, p. 58.

132, n° 4 (rouleau). 1175. — Confirmation d'Eschive, femme d'Aymery de Lésignan, et Estiennette, femme d'Amaury, fils de Baudouin, vicomte de Napoli, filles de Baudouin, seigneur de Rama, de la vente faite par leur père à l'ordre du casal de Caphaer, de l'année 1175. (V. n°ˢ **110** et **121**.)

132, n° 5 (rouleau). 29 avril 1166 [1]. — Confirmation de Baudouin d'Ybelin, seigneur de Mirabel, du consentement du roy Amaury et d'Hugues d'Ybelin et Balian, ses frères, et Richilde, sa femme, de toutes les donations que ses père et mère avoient

---

1. Si, des cinq pièces de ce rouleau, les n°ˢ 2, 3 et 5 nous sont connus, il convient de remarquer que Raybaud ne les a pas analysés d'après les originaux, encore subsistants, mais d'après une copie, aujourd'hui perdue, qui contenait la transcription des cinq documents ci-dessus.

fait à la maison de l'Hôpital de Napoli et de Mirabel, du 3 des calendes de may de l'an 1166.

Malte, Arch. de l'ordre, div. I, vol. 2, n° 40. — Ed. Delaville Le Roulx, *Les archives...*, p. 103.

133. Août 1180. — Donation faite à l'ordre, entre les mains du grand maître Roger de Moulins, de trois casaux, apellés Marmoniza, Erbenambram et Libeizar, avec leur terroir, par Guillaume de Maraclée, du consentement de Béatrix, sa femme, du mois d'aoust 1180. Confirmée par Raymond II[I], comte de Tripoli, et vidimée par P., évêque de Valanie, à la réquisition du grand maître Hugues Revel.

Malte, Arch. de l'ordre, div. I, vol. 4, n° 1 (orig.). — Ed. Delaville Le Roulx, *Les archives...*, p. 148 [1].

134. Juillet 1180. — Donation de Raymond II[I], comte de Tripoli, faite à l'ordre entre les mains du grand maître Roger de Moulins et de frère Garnier, grand commandeur, de la forteresse de Tubania, avec toutes ses dépendances, du mois de juillet 1180.

135. 1180 [1183]. — Confirmation et vente de Guy de Lusignan, comte de Joppé et d'Ascalon, et la comtesse Sibille, sa femme, à O. Turgine, de deux charruées de terre et de la moitié des maisons qu'ils avoient l'un et l'autre dans le casal de Geschal, pour le prix de 500 besans, de l'année 1180.

Malte, Arch. de l'ordre, div. I, vol. 4, n° 20 (orig.). — Ed. Delaville Le Roulx, *Les archives...*, p. 153.

136. Août 1181. — Donation de Raymond II[I], comte de Tripoli, d'une maison au bourg de Tripoli, faite à l'ordre et au grand maître Roger de Moulins, du mois d'aoust 1181.

137. Novembre 1181. — Vente faite à l'ordre et au grand maître Roger [de Moulins] par Bernard de Magdalo et Marie, sa femme, d'un château, nommé Lath, avec toutes ses dépendances, pour le prix de 1500 besans, du mois de novembre 1181.

138. 1181. — Confirmation par Boémond III, prince d'Antioche, fils de Raymond, et par Sybille, sa femme, de l'acquisition faite par l'ordre d'une rente de 500 anguilles à prendre dans l'étang d'Antioche, que ce prince avoit donné au monastère de

1. Raynaud n'a pas eu sous les yeux l'original, mais un vidimus du XIIIe s.

Saint-Sauveur, et que l'abbé avoit remis à l'ordre par échange, de l'an 1181 et la 18e année de sa domination.

139. 1181. — Vente de Rainaud Mazoer, Bertrand, son fils, et de Zacharie Castellan, sa femme et ses enfants, d'un casal nommé Astanor, faite à l'ordre entre les mains de frère Nicolas, hospitalier, pour le prix de 2000 besans payés audit Mazoer, et de 100 besans payés audit Zacharie, de l'année 1181.

140. 8 novembre 1181. — Confirmation du roy Baudouin IV, faite en faveur de Sahre, son Surien, d'un jardin qu'il avoit acquis de Sadé, rays des Sarrazins de Tyr, et de son frère Guillaume, pour le posséder de la même manière que le rays le possédoit, du 6 des ides de novembre 1181.

141. 1181. — Confirmation de Boémond III, prince d'Antioche, fils de Raymond, de l'avis de Sibille, sa femme, et de Raimond et Boémond, ses enfants, de la vente du casal d'Astanors, faite à l'ordre par Rainaud Mazoer, seigneur de Margat, et son fils Bertrand, avec la concession dudit prince à l'ordre d'une terre qui s'étand depuis la maison de Coste jusques au chemin qui est au delà des bains de l'Hôpital, visant vers la mer jusques à la maison des Juifs, de l'année 1181.

142. 1181 [10 septembre 1181]. — Confirmation de Guy de Lusignan, comte d'Ascalon et de Joppé, du consentement de Sibille, sa femme, et de Baudouin, IVe du nom, roy de Jérusalem, au grand maître Roger du casal apellé Chole, vendu à l'ordre par Hugues de Flandres pour le prix de 3000 besans, de l'an 1181.

Malte, Arch. de l'ordre, div. I, vol. 4, n° 12 (orig.). — Ed. Delaville Le Roulx, *Les archives...*, p. 149.

143. Mars 1181. — Donation de Raymond II[I], comte de Tripoli, au grand maître Roger et à l'ordre, de toute la terre qui s'étend depuis le pied de la montagne où est le château de Melechin jusques à la caverne de Memboa, et de cette rivière tirant en droite ligne jusques à la rivière de Fer, et delà jusques aux confins du château de Tuban, avec touts les biens et casaux qui y sont enclavés ; et tient que ladite rivière de Fer lui soit commune avec l'ordre dans l'espace des terres qu'il luy donne, de l'année 1181 au mois de mars.

144. Sans date. — Bulle du pape Luce III, qui donne le droit aux Hospitaliers d'enterrer dans leurs cimetières ceux qui voudroient y élire leur sépulture, et leur permet de prendre la quarte funéraire et de recevoir les legs pieux qui leur seront fait ; le reste est effacé.

Bulle « Si diligenter attenditis. » Il s'agit probablement de l'exemplaire du 18 décembre 1184, conservé à Malte, Arch. de l'ordre, div. I, vol. 46 (orig. bullé).

145. 1182 [après mai 1183]. — Acte par lequel Bernard, abbé du Monthabor, déclare qu'il a vendu à l'ordre, moyennant 130 besans, le droit de prendre 500 anguilles dans l'étang d'Antioche, que son monastère avoit de la concession du prince Boémond, IIIe du nom, de l'an 1182.

146. Mars 1182. — Sentence rendue par Odon, évêque de Bérite, commissaire nommé par le pape Luce III sur le différend qui étoit entre l'ordre des Templiers et Ansterius, évêque de Valanie, au sujet d'un hôpital, d'un four et deux jardins ; par laquelle il ordonne que les Templiers gouverneront l'hôpital que l'évêque leur avoit donné, et fourniroi[en]t aux pauvres le lit, le feu et l'eau, que l'évêque prendroit la dixme sur le four, et, à l'égard des deux jardins, que l'évêque et les Templiers en garderoient un chacun, du mois de mars 1182.

147. 1182. — Vente faite par Gautier, seigneur de Césarée de Palestine, faite à l'ordre d'un casal apellé Galilée, pour la somme de 5000 besans, avec la donation d'une tour près de la mer et d'une terre pour y faire du sel, de l'an 1182.

Malte, Arch. de l'ordre, div. I, vol. 4, n° 18 (orig.). — Ed. Pauli, Cod. dipl., I, p. 72, n° 72.

148. 17 novembre 1182. — Bulle du grand maître Roger, par laquelle il ordonne qu'il sera pris toutes les années, sur la rente de la maison que l'ordre possédoit à Acre devant l'église de Saint-Marc, 50 besans toutes les années pour l'entretien du prêtre qui doit dire la messe dans l'église de l'ordre pour l'âme de Pons Marrans, donné à Acre le 15 des calendes de décembre de l'an 1182.

149. 28 septembre 1182. — Donation de Rainaud, seigneur de Margat, faite à un seigneur, nommé Reynier, du casal de Coselbie et de plusieurs autres casaux et terres, du 4 des kalendes d'octobre 1182.

149 *bis*. Janvier 1182 [1 janvier 1182]. — Donation faite à l'ordre par Rainaud, seigneur de Margat, du Casal Rouge, se réservant la jouissance de la moitié d'icelui pendant sa vie, confirmé par Boémond, prince d'Antioche, Raimond et Boémond ses enfants, du mois de janvier 1182.

Malte, Arch. de l'ordre, div. I, vol. 4, n° 19 (orig.). — Ed. Pauli, *Cod. dipl.*, I, p. 73, n° 73.

150. 1182. — Privilège de Baudouin IV, roy de Hierusalem, qui permet aux frères de l'Hôpital de Tyr de faire moudre leurs grains à ses moulins de Tyr sans aucune rétribution, de l'an 1182.

151. 1183.—Vente d'une terre, faite au commandeur d'Antioche par Robert, abbé de Nostre Dame de la Carrière, de l'an 1183.

152. Mars 1183. — Confirmation de Rainaud, seigneur de Magat, en faveur de l'ordre des Templiers, de toutes les maisons et biens qu'ils possédoient à Valanie, et qu'il leur avoit donné du vivant d'Agnès, sa femme, du consentement d'Amaury Mansoer et Bertrand, ses enfants, du mois de mars 1183.

153. Mai 1182 [mai 1183]. — Donation, faite au monastère de Saint-Sauveur de Monthabor, par Boémond III, prince d'Antioche, fils de Raimond, et la princesse Sybile, sa femme, de 1000 anguilles à prendre toutes les années dans le lac d'Antioche, du mois de may 1182, la 20e année de sa domination.

Malte, Arch. de l'ordre. div. I, vol. 4, n° 19ª (vid. de janvier 1263). — Ed. Pauli, *Cod. dipl.*, I, n° 208, p. 249.

154. 1184. — Donation faite à l'Hôpital de Jérusalem par Mélisende, abesse du monastère de Saint-Lazare de Béthanie, des maisons qui avoient été de Suibert d'Arras, situées à la rue de David, en échange de quelque dixme que l'ordre remet à ladite abesse, de l'année 1184, régnant Baudouin, IVe du nom, sixième roy de Hierusalem, et Baudouin, son neveu, couronné septième roy.

155. 30 octobre 1185. — Donation de Raynaud, seigneur de Margat, du consentement de Bertrand, son fils, et de Bermonde, sa femme, d'une gastine apellée Ubin, pour y batir un casal et une cisterne, du 3 des calendes de novembre 1185.

156. Avril 1186. — Confirmation de Raymond II[I], comte de Tripoli et régent du royaume de Hierusalem, de la donation qu'il avoit faite en l'année 1184 à l'ordre, entre les mains du grand maitre Roger de Moulins, de la ville de la Chamele et de ses dépendances, sous la réserve d'en jouir pendant sa vie, du mois d'avril 1186.

157. Mai 1186. — Seconde donation de Raymond II[I], comte de Tripoli et régent du royaume de Jérusalem, dans laquelle il prend la qualité de donné de l'ordre, faite entre les mains du grand maître Roger de Moulins, de la ville de la Chamele, purement et simplement, sans aucune réserve d'usufruit, du mois de may 1186.

158. Mai 1186. — Donation d'Estienne Daillant et Agnès, sa mère, faite à Amaury, son frère, de trois casaux apellés Noortha, Suyjac et Corrosie, ce dernier étant joui par indivis avec l'ordre, du mois de may 1186.

159. 1186. — Donation de Boémond III, prince d'Antioche, à l'église Saint-George près de la ville de Gabeli, et aux prêtres qui la desservoient, d'un casal, nommé Herbin, avec ses paturages, de l'an 1186.

160. Janvier 1186 [janvier 1187]. — Vente faite à l'ordre par Thomas de Gabel, fils de Robert Mansel, d'une rente ou assise de 200 besans sur le fief de Beaune, confirmée par Boémond III, prince d'Antioche, Sibille, sa femme, Raimond et Boémond, ses enfants, du mois de janvier 1186.

161. Sans date [après janvier 1177 — mai 1187]. — Rémission faite par Sibille, abesse du monastère de Sainte-Anne, au grand maître Roger [de Molins] d'un casal, apellé Adrie, pour en jouir une année moyennant 25 besans.

162. 17 octobre 1186. — Sentence rendue par Guillaume, archevêque de Tyr, et Odon, évêque de Bérithe, commissaires nommés par le pape Urbain III, assistés des évêques de Nazareth, de Rama, et de Monge, archevêque de Césarée, en présence de R. [lisez : Héraclius], patriarche de Jérusalem, entre le grand maître Roger [de Molins] et Ansterius, évêque de Valanie, sur les contestations qu'ils avoient ensemble pour divers sujets ; par laquelle sentence ils ordonnent que les parties remettront le jugement de leur différend à quatre chevaliers de la ville de Margat, du 16 des calendes de novembre 1186, la première année du règne de Guy [de Lusignan], roy de Jérusalem.

163. Sans date. — Transaction, passée entre les mêmes parties, sur plusieurs sujets différents, par la médiation de G., patriarche de Jérusalem, dont la datte manque.

164. 1 février 1186. — Donation de Bertrand [le Mazoir], seigneur de Margat, fils de Rainaud Mazoer, seigneur dudit Margat, faite à l'ordre de la ville de Valanie et du château de Margat, sous la réserve de la rente de 2200 besans pour luy et ses enfants, des calendes de février 1186.

165. 1186 [1 février 1186]. — Confirmation par Boémond III, prince d'Antioche, de la donation faite à l'ordre par Bertrand [le Mazoir], seigneur de Margat, du consentement d'Aymeri, patriarche dudit Antioche, de la princesse Sibille, sa femme, de Raymond et Boémond, ses enfants, de Raymond, comte de Tripoli, et de l'évêque de Valanie, 1186.

> Malte, Arch. de l'ordre, div. I, vol. 4, n° 31 (orig.). — Ed. Pauli, *Cod. dipl.*, I, p. 77, n° 79.

166. Mars 1186. — Confirmation du grand maître Roger de Moulins d'une donation que Bertrand [le Mazoir, seigneur] de Margat avoit faite à Richard de Bilie du casal de Berbelearf, et de deux charruées de terre, à la charge qu'ils fourniroient un homme de cheval, du mois de mars 1186.

167. Mars 1186. — Confirmation du grand maître Roger de Moulins à Clarisse de la donation que Rainaud [II, le Mazoir], seigneur de Margat, avoit faite à Martin de Nazareth, de plusieurs casaux et biens, sous la redevance d'un chevalier et d'un turcoplier, au mois de mars 1186.

168. Mai 1187. — Confirmation par Raimond II[I], comte de Tripoli, de l'engagement qu'Aymeri, comte de Tripoli, avoit fait à l'ordre d'un casal, apellé Casaracel, moyenant 3000 besans que l'ordre luy avoit prêté, du mois de may 1187.

169. Sans date [après janvier 1177 — mai 1187]. — Acte par lequel Robert de Méhun, étant venu en pèlerinage à Jérusalem, se rend donné de l'ordre entre les mains du grand maître Roger [de Molins], et luy donne un terrain pour bâtir une maison et une grange, avec des terres situées dans le terroir de Quincy en France, sans datte.

170. Sans date [7 avril 1188]. — Bulle du pape Clément III, adressée à tous les fidèles chrétiens, au sujet de la bataille que Guy, roi de Hierusalem, avoit perdue contre les infidelles en 1187, dans laquelle il déplore les malheurs de la chrétienté, et exhorte les princes chrétiens à luy envoyer du secourt et à prendre la croix, la datte étant effacée.

> Bulle « Gravis illa et ». Malte, Arch. de l'ordre, div. I, vol. 10, n° 2 (orig.). — Ed. Prutz, *Maltëser Urkunden*, p. 126.

171. Sans date [après janvier 1177 — mai 1187]. — Confirmation faite par le grand maître Roger [de Molins] des usages, facultés et coutumes que les grands maîtres Raymond [du Puy] et Gibert [d'Assailly] avoient donné aux habitants de Gibelin, sans datte.

172. Sans date [après janvier 1177 — mai 1187]. — Confirmation, par le grand maître Roger de Moulins, de la faculté que le grand maître Raymond Dupuy, son prédécesseur, avoit accordée aux habitants de Kalenson d'abreuver leurs bestiaux à la cisterne de ce lieu, sans datte.

173. 11 octobre 1189. — Bulle du pape Clément III, adressée à l'évêque de Valanie, par laquelle il le commet pour examiner [si] le bail en emphitéose, que l'abbé et les religieux du monastère de la Latine avoient donné à la maison de l'Hôpital à Acre, des casaux de Montdidier, Turriclée et autres, n'aportoit point à l'ordre une énorme lézion ; et, en ce cas, luy donne pouvoir de décider ce qui sera de droit, le 5 des ides d'octobre, l'année seconde de son pontificat, qui répond à l'an 1189.

174. Mars 1189. — Donation de Boémond I[V], comte de Tripoly, fils de Boémond III, prince d'Antioche, faite au grand maître Hermengaud d'Aspe, d'un jardin, apellé de la Gloriete, qui avoit appartenu à la mère du défunt comte Raimond, son prédécesseur, du mois de mars 1189.

175. 1190. — Donation de Boémond III, prince d'Antioche, fils de Raymond [de Poitiers], à frère Amat, hospitalier, des maisons qui avoient apartenu à un nommé Dabot de Laodicée, son Surian, de l'an 1190.

176. 14 février 1192. — Donation et confirmation, faite par Guy, huitième roy de Hierusalem, à Gautier le Beau, vicomte d'Acre, en remplacement d'une autre maison que ledit roy et la deffuncte reine Sibille, sa femme, luy avoient donné, et qu'ils avoient dans la suite repris, du 17 des kalendes de mars 1191.

176 *bis*. 3 septembre 1192. — Lettres patentes de Guy, roy de Hierusalem, par lesquelles il accorde à Simon, maître de sa monnoye, 600 besans blancs à prendre sur son domaine, données à Acre le 3 des nones de septembre 1192.

177. 1193. — Donation faite à l'ordre entre les mains de Geofroy de Donjon, grand maître, par Henry de Troyes en

Champagne, comte palatin, du consentement d'Isabelle, sa femme, fille d'Amaury, roi de Jérusalem, d'une partie des murailles de la ville d'Acre depuis la poterne qui estoit vis à vis la porte de Geofroy le Fort jusques à la tour de la porte Saint-Nicolas exclusivement, avec les avants murs, terrain et fossés, et encore la terre qui est après ledit avant mur, à coté droit en tirant vers ladite tour, jusques à la rivière, de l'an 1193.

177 *bis*. 1193. —Donation de Henry de Troyes en Champagne à l'ordre des Teutoniques de tout l'avant mur, tour, murailles et fossés, depuis la partie des murs qu'il avoit donnée à l'ordre des Hospitaliers, à condition d'y faire les réparations nécessaires, de l'an 1193. (V. n° **177**.)

178. Janvier 1193 [janvier 1194]. — Donation, faite à l'ordre par le prince Henry de Troyes en Champagne, d'une terre qui touchoit à la ville de Joppé, avec toutes ses apartenances, du mois de janvier 1193.

> Malte, Arch. de l'ordre, div. I, vol. 4, n° 37 (orig.). — Ed. Pauli, *Cod. dipl.*, I, p. 215, n° 173.

179. 8 août 1196. — Acte par lequel Boémond, Ier du nom, comte de Tripoly, et IVe du nom, prince d'Antioche, fils de Boémond III, prince d'Antioche, fait donation à Geofroy de Donjon, grand maître de l'ordre, du chemin que Raymond [III], comte de Tripoli, s'étoit réservé quand il fit donation aux Hospitaliers de la terre qu'ils ont à Tripoli, et leur fait en même temps rémission de la porte du bourg de Tripoli et de touts les droits qu'il y avoit, du 6 des ides d'août 1196.

> Ed. Dom Vaissette, *Histoire du Languedoc*, éd. Privat, t. V, col. 1057.

180, n° 1 (rouleau). 24 novembre 1198. — Concession faite par le grand maître Geofroy de Donjon aux habitants du lieu de Cornaon, vassaux de l'ordre, de faire des vignes dans les terres qui étoient de sa dépendance, tant dans le terroir de Cornaon que celuy de Malefogasse, le 8 des calendes de décembre 1198.

180, n° 2 (rouleau). Sans date. — Un état des censes et redevances que faisoient à l'ordre les habitants de Malefogasse.

180, n° 3 (rouleau). Décembre 1192. — Vente faite par frère Trimond, commandeur de Tripoli, à Bolos, fils de Jean Rays, de cinq pièces de terre, pour le prix de 50 besans sarrasinois et sous des redevances de journées de beuf, du mois de décembre 1192.

181. Octobre 1198. — Confirmation d'Aymeri, roi de Jérusalem neuvième, et de Chypre, du consentement d'Isabelle, sa femme, fille du roy Amaury, faite au grand maître Geofroy de Donjon et à l'ordre, de plusieurs terres qu'ils avoient acquis, donné à Acre au mois d'octobre 1198.

182. Octobre 1198. — Donation d'Aymeri, roi de Jérusalem et de Chypre, et d'Isabelle, sa femme, fille du roy Amaury, à Marin Mazué et à ses successeurs, de quatre maisons, en remplacement de la rente de 100 besans que le feu comte Henry de Champagne avoit donné audit Marin, à prendre sur les gabelles d'Acre, pour les services qu'il luy avoit rendu, du mois d'octobre 1198.

183. 1198. — Confirmation d'Aymeri, roi de Jérusalem, et de la reine Isabelle, sa femme, à Odon de Jorvigni, d'une maison et d'un patturage devant la place du château d'Acre, que le feu comte Henry de Champagne luy avoit donné, de l'an 1198.

184. 8 décembre 1198. — Acte contenant un accord, fait entre les Hospitaliers et les Templiers, de différents griefs qu'ils avoient les uns contre les autres pour les biens qu'ils possédoient dans le comté de Tripoli, du 6 des ides de décembre 1198, sellé du sceau de frère Gibert Hérail, grand maître du Temple.

185. Juillet 1199 [15 juin 1199]. — Donation faite à l'ordre par Boémond I[V], comte de Tripoli, fils de Boémond III, prince d'Antioche, du consentement de Plaisance, sa femme, de tous les droits qu'il avoit sur la ville de Maraclée, en considération des services que le grand maître Geofroy de Donjon luy avoit rendu, du mois de juillet 1198. Vidimée par Eustorge, archevêque de Nicosie, et par Pierre, archevêque de Nazareth, et seellée de leurs sceaux.

Malte, Arch. de l'ordre, div. I, vol. 1, n° 20 (vid. d'Eustorge, archevêque de Nicosie, et de Pierre, archevêque de Césarée, vers 1215-1220). — Ed. Delaville le Roulx, *Les archives...*, p. 166.

186. Novembre 1199. — Donation d'Aymeri, roi de Hierusalem et de Chypre, faite à l'ordre entre les mains de Geofroy Donjon, grand maître, du droit de tenir deux bêtes de charge pour porter le bled des habitants de Tyr au moulin que l'ordre y possédoit, du mois de novembre 1199.

187. Mai 1199. — Bail passé par Aymeri, roi de Jérusalem et de Chypre, à Pierre Muntol et quelques autres, des droits de la douane de la ville de Limisso pour deux années, moyennant 28500 besans blancs, du mois de may 1199.

188. Septembre 1200. — Donation d'une maison et de deux charruées de terre dans le terroir de Casal Blanc, faite par Guillaume l'Amendelier, du consentement d'Agnès, sa femme, fille du comte Jaucelin, à Jaucelin Ussier et ses hoirs, de l'an 1200, au mois de septembre.

189. 1201. — Accord passé entre les ordres de l'Hôpital et du Temple, où intervinrent frère Geoffroy de Donjon, maître de l'Hôpital, Philippe de Pleisset, maître du Temple, et les principaux frères des deux ordres, dans le ... il ils conviennent qu'il n'y aura d'autre four public à Valanie q... luy des Templiers, et que les Hospitaliers et l'évêque auro ... eurs fours particuliers pour leur usage, de l'an 1201.

190. 17 avril 1201. — Accord fait entre les ordres de l'Hôpital et du Temple, en présence des deux grands maîtres, portant règlement pour la prise de l'eau d'une fontaine, pour arroser leurs terres et pour l'usage de leurs moulins, du 15 des calendes de may 1201.

191. 10 mai 1202. — Accord passé entre Bernard, Amaury, Geoffroy, Jordain et Marguerite, enfants de Geoffroy Boucher, et les Hospitaliers, sur les contestations qui étoient entre eux pour les revenus du casal d'Ase, que l'ordre devoit retirer selon les donations de Reynaud, prince d'Antioche, seigneur de Crat, Montréal et Ebron ; par lequel, moyennant 300 besans qu'ils reçoivent de l'ordre, ils le tiennent quitte de tout le droit qu'ils pourroient avoir sur ce casal, du 6 des ides de may 1202.

192. 27 février 1202. — Donation faite à l'ordre par Boémond IV, prince d'Antioche et comte de Tripoli, fils du prince Boémond, IIIe du nom, de l'albergue de deux chevaliers, qu'il prenoit sur les casaux de Remesca et Bocombre, qui avoient appartenu à Reynaud, seigneur de Margat, et à Bertrand, son fils, du 3 des calendes de mars 1202, la seconde année de sa principauté.

193. 25 février 1202. — Confirmation du prince Boémond IV de l'affranchissement que Raymond, comte de Tripoli, son prédécesseur, avoit fait aux vassaux de l'ordre et Surions de la maison de Crat, de toute sorte de redevance dans son comté de Tripoli, du 5 des calendes de mars, année seconde de sa principauté.

194. 4 mars 1202. — Bail fait par Pierre de Mirmande, grand commandeur de l'ordre, à Hélène, fille de Hugues de Bussarre, des châteaux de Remesca et Bocombre, sous la redevance de 300 besans pour l'albergue de deux chevaliers, du 4 des nones de mars 1202. (V. plus haut, n° **192.**)

195. 13 avril 1203. — Donation de Boémond, IV° du nom, prince d'Antioche, à Estienne de Monthabor, de deux jardins, avec la faculté de prendre de l'eau du moulin apellé de la Comtesse pour les arroser, des ides d'avril, la 2° année de sa principauté, 1203.

196. Mars 1204. — Donation de Boémond IV, prince d'Antioche, au grand maître Alphonse de Portugal de la moitié de la gastine de Caphar Mamel, apellée vulgairement de la Vacherie, et de 500 besans d'Antioche à prendre toutes les années sur le fondigue du commerce de Laodicée, lorsque luy ou les siens viendroient à recouvrer cette ville, du mois de mars 1204.

197. 26 janvier 1204. — Bulle du pape Innocent III, par laquelle il confirme les privilèges et concessions que Boémond, prince d'Antioche, avoit fait à l'ordre; donné à Agnanie le 7 des calendes de février, la sixième année de son pontificat, qui répond à l'an 1204.

198. 1206. — Vente faite par Simon, fils de Baudon de Rom, à frère Aymeri de Pax, châtellain de Margat, au nom du grand maître Alphonse [de Portugal], de tous les fiefs qu'il avoit dans le terroir du château de Margat, pour le prix de 200 besans sarrazinois, de l'an 1206.

199. 15 mai 1210. — Vente de Philipe d'Ybelin, du consentement de demoiselle Marie, dame de Hierusalem, et de Jean d'Ybelin, régent dudit royaume, du consentement de la comtesse Alix, femme dudit Philippe, faite à l'ordre, de quelques casaux dans le terroir d'Acre, pour le prix de 9000 besans, des ides de may 1210.

200. Août 1210. — Donation, faite à l'ordre, entre les mains du grand maître Guérin de Montaigu, par Léon, roy d'Arménie, fils d'Etienne, du consentement de Raymond Rupin, son neveu, fils de Raymond, fils aîné de Boémond, III° du nom, prince d'Antioche, de la ville de Selesk avec son château, Camerdès et Châteauneuf avec leurs dépendances tant sur mer que sur terre, qui existoient du temps des Grecs et des Sarrazins et du temps qu'il les possédoit lui même, du mois d'aoust 1210, en original signée en rouge de la main du roy et contresignée par son secrétaire.

201. 15 avril 1211. — Lettre écrite par Léon d'Arménie au pape Innocent III, par laquelle il luy notifie qu'il a donné à l'ordre de l'Hôpital la ville de Selefk et autres lieux, en considération du secours que le grand maître luy avoit donné, dans le mois d'aoust précédent, pour le défendre contre l'armée des Sarrasins qui avoient fait irruption dans ses états, et le prie de confirmer la dite donation, datée de Tarse de Cilicie, du milieu d'avril 1211.

> Malte, Arch. de l'ordre, div. I, vol. 3, n° 1 (auj. perdu). — Ed. Pauli, *Cod. dipl.*, I, p. 98, n° 94.

202. Septembre 1210. — Donation de Raymond Rupin, prince d'Antioche, fils aîné de Boémond IV, prince d'Antioche, du consentement d'Eloise, sa femme, fille d'Aymeric, roy de Jérusalem et de Chypre, de la ville de Gebel et du château de la Vieille avec toutes ses dépendances ; et permet à l'ordre de faire trève ou la guerre avec les Sarrasins qui étoient aux environs de cette ville ; fait en présence de Léon, roy d'Arménie, oncle du prince, du mois de septembre 1210.

> Malte, Arch. de l'ordre, div. I, vol. 5, n° 18 (auj. perdu). — Ed. Pauli, *Cod. dipl.*, I, p. 99, n° 95.

203. 1 août 1210 [prob. 3 août 1210]. — Bulle du pape Innocent III, par laquelle il confirme toutes les donations qui avoient été faites à l'ordre dans le royaume d'Arménie ; donné à Latran le 1 août, l'année XIII° de son pontificat, qui répond à l'année 1210.

> Ed. Langlois, *Le trésor des chartes d'Arménie* (Venise, 1863), p. 114. « Ex litteris charissimi ».

204. Sans date [après septembre 1210]. — Déclaration d'Amaury, maire de la ville d'Antioche, par laquelle il conste que le prince Raymond Rupin, ayant donné autrefois la ville de Gibel à l'ordre, dans le temps qu'elle étoit occupée par les infidelles, cette ville en étant depuis abandonnée, il s'y est porté pour en mettre l'ordre en possession en présence de sa cour, faisant élever la bannière de l'ordre sur l'endroit le plus élevé à la place de la sienne, qu'il remet de sa propre main à frère Joubert, châtelain de Margat, en signe de donation perpétuelle, sans datte.

205. 15 mai, sans année [1211-1227] [1]. — Commission donnée par le grand maître Guérin de Montagu à frère Pierre de Garamont et Gilles Gérald, chapelain, de se transporter à Rome pour instruire le pape et le sacré collège du différend que l'ordre de l'Hôpital avoit contre celuy des Templiers pour la ville de Gibel, prétendant que cette ville leur avoit été donnée par Boémond IV, comte de Tripoli et prince d'Antioche; et leur ordonne de prendre pour juges, s'il est nécessaire, Pélage, légat du Saint-Siège en Orient, ou l'archevêque de Césarée, et pour tiers l'évêque de Bethléem ou l'archevêque de Nicosie, des ides de may sans année.

206. 15 avril 1212. — Vente de Jean de Brienne, dixième roi de Jérusalem, faite à l'ordre, du consentement de la reine Marie, sa femme, du casal de Manuet, moyennant 2000 marcs d'argent, du 17 des calendes de may 1212.

207. 18 novembre 1212. — Emprunt fait par Aymard, seigneur de Césarée, et Julienne, sa femme, du grand maître Guérin de Montagu, de 2000 besans sarrazinois, de 110 muids d'orge et 60 muids de blé; pour lequel emprunt ils luy engagent les maisons qu'ils ont à Acre et à Tyr et le casal de Turcarme, du 14 des calendes de décembre 1212.

208. 3 avril 1214. — Permission, donnée par l'abbé de Monthabor à Michel de Porta, d'appuyer un arc de sa maison et des poutres contre le mur de l'église de Saint-Jacques, dépendant de ladite abaye, à condition que les possesseurs de ladite maison payeront annuellement la cense de deux besans d'or au monastère de Monthabor et à l'église de Saint-Jacques, du 3 avril 1214.

209. 1 octobre 1214. — Testament de Guy, seigneur de Gibelet, par lequel il met sa personne, ses biens et ses héritiers sous la protection de l'ordre, institue Marie, sa fille, son héritière en cas qu'il meure sans enfants mâles, et luy donne pour tuteur Bertrand de Biblis, son oncle, du 1 octobre 1214.

210. 1 avril 1215. — Donation faite à l'ordre par Raymond Rupin, prince d'Antioche, de la ville de Gibel et du château de la Vieille, qui en dépendoit, du 1 avril 1215.

Malte, Arch. de l'ordre, div. I, vol. 5, n° 31 (auj. perdu). — Ed. Pauli, *Cod. dipl.*, I, p. 107, n° 102.

1. Il est fort probable que cette pièce se place en 1211 ou 1212, mais nous n'en avons pas la certitude.

211. 1 avril 1215. — Confirmation du prince Raymond Rupin de toutes les donations que luy ou ses prédécesseurs, princes de son sang, Boémond le Vieux, Tancrède, Boémond le Jeune, Raymond, Raynaud, la princesse Constance et Boémond, fils du prince Raymond, son ayeul, et les principaux seigneurs d'Antioche avoient fait à l'ordre dans toute la principauté d'Antioche, du 1 avril 1215.

> Malte, Arch. de l'ordre, div. I, vol. 5, n° 29 (auj. perdu). — Ed. Pauli, *Cod. dipl.*, I, p. 107, n° 101.

212. Avril 1215. — Acte par lequel Daudin, évêque d'Anterade ou Tertose, déclare avoir reçu de l'ordre et des mains du grand maître Guérin de Montagu 1500 besans sarrazinois, pour lesquels, du consentement de son chapitre et du patriarche d'Antioche, il leur engage un casal nommé Deterre avec ses dépendances, situé entre les casaux de Médel, Gastum et Ethere, que son église possédoit dans le terroir de Crat, pour le tenir en gagement jusques au payement de ladite somme, du mois d'avril 1215.

213. 1 décembre 1216. — Bulle du pape Honoré III, adressée à tous les archevêques et évêques, par laquelle il leur ordonne d'empêcher que leurs archidiacres, doyens et officiaux tirent à leurs tribunaux les frères de l'ordre dans les causes criminelles. Donné à Rome, au palais du Vatican, aux calendes de décembre, la première année de son pontificat, qui revient à l'an 1216.

> Bulle « Dilecti filii nostri » (Marseille, Arch. des Bouches-du-Rhône, Ordre de Malte, H 1 13, n° 73).

214. Décembre 1216. — Donation faite à l'ordre par Isabelle, veuve du prince Boémond III, de 20 besans d'Antioche à prendre toutes les années sur le casal Gédéide, confirmée par Rupin, prince d'Antioche, fils du prince Raymond, du mois de décembre 1216.

215. Mai 1216. — Vente faite à l'ordre par Geofroy Taulard d'une gastine ou paturage, nommé Dandenit, pour le prix de 1700 besans sarrazinois, qu'il dit avoir reçu des mains de frère Josserand, commandeur dudit ordre, confirmée par Raymond Rupin, prince d'Antioche, fils du prince Raymond, du mois de mai 1216.

216. Février 1216. — Donation de quatre casaux, nommés Baqueer, Quasse, Bethorafig, Gabronie et Maarban, faite à l'ordre par Bertrand, seigneur de Biblis, entre les mains du grand maître Guérin de Montagu, de frère Aymard de Layron, mareschal, de

frère Raymond de Pignans, châtelain de Crat, frère Guillaume de
Tinières, commandeur de Tripoli, Raymond Portevin, chapelain du
grand maître, frère Martin Dandres, frère Pierre de Vieille-Brinde,
frère Bertrand de Comps et frère Leonard, du mois de février
1216.

217. 1217 [12 — 18 janvier 1218]. — Donation d'André II, roy
de Hongrie, faite à l'ordre entre les mains de frère Raymond de
Pignans, châtelain de Crat, de 100 marcs d'argent à prendre toutes
les années sur ses salins de Scolaske, pour l'entretien de la forteresse de Crat, de l'an 1217, la 13e année de son règne.

> Ed. Pauli, *Cod. dipl.*, I, n° 105, p. 111 (d'après le bullaire E., f. 172.
> auj. perdu).

218. 1217 [12-18 janvier 1218, Margat]. — Donation de André
II, roy de Hongrie, dans le temps qu'il étoit à la Terre Sainte,
faite à Jean de Brienne, roy de Hierusalem, de 100 marcs d'argent
à prendre sur les salins de son royaume de Hongrie toutes les
années au mois de mars, en considération des services qu'il en
recevoit et de son zèle à [lisez : contre] les infidèles, de l'an 1217.

> Rome, Arch. du Vatican, reg. 9, f. 276 (copie contemp.). — Ed.
> Theiner, *Vetera monumenta Hungariam sacram illustrantia*
> (Rome, 1859), I, 15.

219. 1 décembre 1217. — Donation de la moitié d'une gastine,
apellée Sellorie, faite à l'ordre par Jean Nicéphore, confirmée
par Raymond Rupin, prince d'Antioche, fils du prince Raymond,
des calendes de décembre 1217, la seconde année de son principat.

220. 25 janvier 1217. — Acte par lequel le comte Nicolas, fils
de Bon-Hongrois, déclare que le grand maître et [les frères] luy
ont prêté 1500 besans sarrazinois, qu'il s'oblige de payer entre les
mains du prieur de Hongrie, du 8 des calendes de février 1217.

221. 12 février. — Autre donation, faite par Raymond Rupin,
prince d'Antioche, à l'ordre, de la ville de Gibel et du château de la
Vieille, du jour avant les ides de février. (Voy. plus haut, n°s **202**
et **210.**)

222. 1 septembre 1217. — Acte par lequel frère Isimbard
déclare qu'il a acheté quelques maisons d'une aumône qui avoit
été faite entre ses mains, et qu'il les a donnée à Raimonde, Pro-
vençale, donnée de l'ordre, pour avoir l'usage durant sa vie, du
1 des calendes de septembre 1217.

223. Sans date [vers 1206 - 14 septembre 1214]. — Acte par lequel Albert, patriarche de Hierusalem, déclare qu'Alix, fille de Turgin, a fait donation à l'ordre, après avoir [été] reçue dans sa confraternité, de quatre charruées de terre, avec les maisons que son père avoit achetées du roy Guy et de Sibille, sa femme, situées dans le casal de Geschal, dans le temps que ce prince n'étoit encore que comte de Joppé et d'Ascalon[1], dont elle a remis les titres entre les mains de frère Isembard, grand commandeur, et de frère Richard, trésorier, et fait plusieurs autres aumônes, la date étant effacée.

224. 15 septembre 1218. — Acte par lequel Léopold, duc d'Autriche et de Styrie, déclare que l'ordre lui a prêté, par les mains du grand maître, 2000 mares du poids d'Acre, qu'il promet de payer dans deux ans, fait dans le temps du siège de Damiette, du 17 des calendes d'octobre 1218.

225. Novembre 1220. — Donation d'Adeymar de Layron, chevalier, et de Sibille, sa femme, fille de Gautier de Leitor, faite à l'ordre, de 2000 besans qu'ils prenoient annuellement à Gibel sur la place des Toiles, apellée en langue arabe « Sochelbet », et qu'ils tenoient par concession du prince Boémond, IVe du nom, du mois de novembre 1220.

226. Août 1222. — Sentence rendue par Pélage, évêque d'Albano, légat du Saint-Siège, entre le chapitre de l'église du Saint-Sépulchre et la maison de l'Hôpital, par laquelle il adjuge à chacune des parties la moitié de la terre qui faisoit la matière du procès, située au terroir de Tyr, en présence de Raoul, patriarche de Jérusalem, Simon, archevêque de Tyr, Durand, évêque de Tortose, et de frères Pierre de Montagu, grand maître du Temple, et Guérin de Montagu, grand maître de l'Hôpital, du mois d'août 1222.

227. 1225. — Seconde donation d'André II, roi de Hongrie, faite à l'ordre entre les mains de Guérin de Montagu, grand maître, de 1000 marks d'argent, à prendre sur les salines de Saloc, ordonnant à ceux qui étoient préposés à la régie desdites salines qu'en quelle quantité qu'ils vendent du sel, les Hospitaliers retirent toujours pour le moins les 1000 marcs d'argent, et s'ils veulent retirer la part du sel qui leur revient en espèce, ce prince ordonne aux préposés de leur fournir des voitures pour le transporter, et exempte l'ordre de toute sorte de tribut pour ledit transport, tout de même que si ce sel luy appartenoit, de l'an 1225.

1. Il s'agit d'un acte de 1183 (Ed. Delaville Le Roulx, *Les archives...*, p. 153).

228. 1226. — Convention passée entre le commandeur
d'Antioche et Philipe, archevêque de Mamistra, dans laquelle il
est dit que le commandeur payera la dixme des terres de cette
commanderie, qu'il faisoit cultiver par ses paysans, et que ce payement ne pourra porter aucun préjudice à l'ordre en cas qu'il fasse
à paroir de quelque privilège qui l'en exempte, de l'an 1226.

229. 5 décembre 1227. — Bulle du pape Grégoire IX, adressée
à Jacques, Ier du nom, roi d'Aragon, dans laquelle il se plaint à ce
prince de ce qu'au scandale de la religion et à la honte de la
royauté, il avoit favorisé la perfidie de quelques-uns de ses sujets,
habitant les frontières de son royaume, qui, dans une action,
avoient aidé aux Sarrazins à combattre les Templiers, et avoient eu
en récompense une partie de leurs dépouilles, exhortant ce prince
de contraindre à rendre ce qu'ils avoient pris et de les traiter comme
ennemis de son état. Donné à Latran, le jour des nones de décembre, la première [année] de son pontificat, qui répond à l'an 1227.

230. 8 décembre 1227. — Bulle du pape Grégoire IX à la reine
d'Aragon, pour le même sujet et dans les mêmes termes que celle
adressée à Jacques I, époux de ladite reine, du 6 des ides de décembre 1227.

231. 9 décembre 1227. — Bulle du pape Grégoire IX, pour le
même sujet que celles adressées au roi et à la reine d'Aragon,
destinée à l'évêque de Terrassone, par laquelle il luy ordonne
d'excommunier ceux qui avoient prêté du secours aux Sarrasins
pour défaire les Templiers, du 5 des ides de décembre 1227.

232. 3 septembre 1229. — Donation d'Adam d'Haute Rive, faite
aux pauvres de l'Hôpital, de tous les droits qu'il avoit sur le bourg
de Tedisubelle et Ubestarins, du 3 septembre 1229.

233. 17 août 1229. — Bulle du pape Grégoire IX, adressée au
patriarche de Jérusalem, par laquelle il luy donne pouvoir de terminer le différend survenu entre les Hospitaliers et les Teutoniques,
qui prétendoient se soustraire de l'obéissance qu'ils devoient au
maître de l'Hôpital, selon le privilège à luy accordé par la bulle de
Célestin II. Donné à Pérouse, le 16 des calendes de septembre, l'an
III de son pontificat, revenant à 1229.

Marseille, Arch. des Bouches-du-Rhône, ordre de Malte, H¹ 16,
n° 94 (2 orig.). — Ed. Delaville de Roulx, *Les anciens Teutoniques et l'Ordre de Saint-Jean de Jérusalem*, dans *Extraits des
comptes rendus des séances de l'Acad. des Inscr. et Belles-Lettres*,
2e série, XVI, p. 345.

234. Depuis 1230. — Un rouleau, contenant les donations faites à l'ordre de plusieurs maisons, depuis l'année 1230.

235. 13 mai 1230. — Sentence arbitrale, rendue par Géraud, patriarche de Hierusalem, entre le grand maître Bertrand de Thessy et T., évêque de Limisso, et son chapitre, par laquelle il ordonne que l'ordre payera toutes les années à l'église de Limisso 120 besans sarrazinois, moyennant quoy il sera exempt de la dixme de tous les biens qu'il possédoit dans ce diocèse, du 3 des ides de may 1230.

236. Septembre 1231. — Donation faite à l'ordre par Alix, princesse d'Antioche, dame d'Arménie, veuve de Raimond II, prince d'Antioche, d'un casal apellé Tortiafa, situé dans le terroir de Toron, et d'une gastine qui en dépendoit, et d'une maison située dans le bourg de Toron, du mois de septembre 1231.

237. 27 octobre 1231. — Acte par lequel Boémond IV, prince d'Antioche et comte de Tripoli, du consentement de Raimond et d'Henry, ses enfants, quitte à l'ordre toutes les demandes qu'il lui faisoit pour des dommages qu'il prétendoit luy avoir été causés, du 6 des calendes de novembre 1231.

238. 27 octobre 1231. — Transaction passée entre l'ordre et Boémond IV, prince d'Antioche, par la médiation de Géraud, patriarche de Jérusalem, légat du Saint-Siège, par laquelle le grand maître se départ en faveur de ce prince de toutes les donations et franchises que le prince Rupin avait accordé à l'ordre dans la ville d'Antioche et sa banlieue, à la réserve de la ville de Gibel et du château de la Vieille ; et, en considération de cette remise, le prince donne à l'ordre 316 besans de Tripoli, à prendre toutes les années dans la ville de Tripoli, et donne par aumône 873 besans d'Antioche à prendre toutes les années dans ladite ville, du 6 des calendes de novembre 1231.

Malte, Arch. de l'ordre, div. I. vol. 5 (ancien vol. 6), n° 4. — Ed. Pauli, *Cod. dipl.*, I, p. 120, n° 112.

239. 1 mai 1231. — Echange fait entre Odon et Guillaume, frères, et le grand maître Guérin II, d'une maison leur appartenant, située à Joppé, pour deux autres maisons possédées par l'ordre à Acre, du 1 may 1231.

240. 31 octobre 1232. — Donation de Constantin, seigneur de Lambron, régent du royaume d'Arménie, faite à l'ordre entre les mains du grand maître Guérin II, d'un casal, nommé Gouvaira,

avec toutes ses dépendances, en considération de ce que son père
et luy avoient été reçus confrères de l'ordre et ses biens et héritages mis sous sa protection par le feu grand maître Guérin I, son
prédécesseur, de la fin du mois d'octobre, l'an de la lettreur des
Arméniens 682 et de l'incarnation 1232.

241. 23 juillet 1231. — Confirmation de la donation de certaines maisons à une dame, nommée Gille, par le grand maître
Bertrand de Thessy, faite par le grand maître Guérin sous la
cense annuelle de deux marcs d'argent, et à condition que, si elle
meurt sans enfants, les maisons reviendront à l'ordre, du dix des
calendes d'août 1231.

242. 18 avril 1232. — Vente faite par Jean d'Ybelin, fils de
Philippe, au grand maître Guérin II, de plusieurs maisons qu'il
avoit à Acre, à la rue de la Vieille Reine, du 18 avril 1232.

243. 16 août 1233. — Bail passé par Mabile, abesse du monastère de Nostre-Dame Majeure en Hierusalem, à Pons de Cisternaty
et Raymonde, sa femme, d'une maison au quarttier du Patriarche,
sous la cense de 3 besans, du 17 des calendes de septembre 1233.

244. 10 avril 1235. — Deffenses données par le grand maître
Guérin II devant Thédise, archevêque de Ravenne, légat du Saint-
Siège, pour le soutien du procès que son ordre avoit contre celui
des Templiers, qui empêchoient le cours de l'eau servant pour
l'usage du moulin de l'Hôpital d'Acre, du 10 avril 1235.

245. Novembre 1235. — Donation d'Estiennette, fille de Bon-
jean, du consentement de Pierre Pisan, son mari, des maisons qui
avoient appartenu à son père, situées à Acre, à la rue apellée
« Parmentaria », du mois de novembre 1235.

Malte, Arch. de l'ordre, div. I, vol. 5 (ancien vol. 6), n° 15. — Ed.
Delaville Le Roulx, *Les archives...*, p. 172.

246. Décembre 1235. — Don fait à l'ordre par Sibille de Sour-
devaux, veuve d'Aymard de Leyron, chevalier, de la seigneurie
directe qu'elle avoit sur des vignes enclavées dans sa terre hors
la porte de Saint-Paul, et toute la terre labourable qu'elle avoit
au même endroit, à condition que l'ordre entretiendroit un prêtre
qui diroit la messe pour le salut de son âme, du mois de décembre 1235.

247. Mai 1236. — Convention passée entre Robert, abbé de
Sainte-Marie de la Latine, et Guérin II, grand maître de l'Hôpital, au

sujet des casaux de Montdidier et Tourre-Rouge, par lequel accord l'abbé et les religieux promettent de garder les obligations qu'ils avoient contractées avec les Hospitaliers sur ce bail emphytéotique, et de les mettre en possession desdits casaux, dès que les Templiers, qui les tenoient en arrentement, s'en seroient démis, ou plutôt s'il étoit possible, de l'an 1236 au mois de mai.

248. Mai 1236. — Confirmation faite par Sibille, veuve d'Aymard de Leyron, de la donation que son mari avoit fait à l'ordre d'une rente de 2000 besans, à prendre toutes les années sur la place des Toiles, apellée en arabe « Sochelbes », du mois de may 1236. (V. plus haut, n° **225.**)

249. Août 1236. — Permission donnée par frère Robert de Corson, commandeur de Tripoli, à plusieurs paysans de planter des vignes et des oliviers dans la terre dite de Montpelerin, dépendant de ladite commanderie, à condition qu'ils fairoient la 3e partie des fruits, et qu'ils ne pourroient laisser ces terres qu'à leurs enfants, et que, si cette terre tomboit en friche, elle appartiendroit de nouveau à la commanderie, du mois d'août 1236.

250. Juin 1237. — Lettres d'Henry I, roy de Chypre, par lesquelles il affirme que dame Agnès de la Baume, étant en sa présence, a donné à l'ordre, entre les mains de frère Guillaume de Forei, commandeur de Chypre, la moitié de tous les héritages qu'elle avoit ou devoit avoir dans le royaume de Hierusalem, de la succession de Jaucelin de la Moussa, son oncle, situés dans la montagne du Carmel ou ailleurs, du mois de juin 1237.

251. Mai 1237. — Confirmation de Balian, seigneur de Sydon, de la concession que Reynaud, son père, et Gérard, son ayeul, avoient faite à la maison de l'Hôpital d'avoir un port près de la ville de Sydon, une porte à l'avant mur et un terrain hors la ville pour leur servir d'aire, et tout l'avant mur depuis la tour de Baudouin jusques à la mer, faite entre les mains du grand maître Bertrand de Comps, du mois de may 1237.

252. 18 juin 1237. — Bail en emphytéose, passé par frère Pierre de Vieille Brinde, grand commandeur de l'ordre, à Simon, fils de Thomas de la Chaêne, d'une maison dans Acre à la rue de Chypre, sous la cense de 17 besans, du 18 juin 1237.

253. Décembre 1238. — Déclaration faite par devant Jean Pelerutain, comte de la ville d'Acre, par Marie de Jaffe, femme

4

de sire Guy de l'Alnai ; en présence de Bienvenue, sa mère, et d'Ubans Pisain, son baron, par laquelle elle atteste en pleine audience qu'elle a donné à la maison de l'Hôpital et aux pauvres, entre les mains de frère André l'infirmier, au nom de frère Pierre de Vieille Brinde, grand commandeur, la moitié des biens qu'elle avoit à Jaffa et à Ascalon, et la moitié des biens qu'elle pourra avoir dans la suite, du mois de délier 1238.

254. 25 mars 1239. — Donation d'Agnès, veuve d'Aymeri Barlais, du consentement de Jean Barlais, son fils, à Reinaud Barlais, son autre fils, de 500 besans toutes les années, à prendre sur les 2000 besans que l'ordre leur faisoit pour l'échange de Margat, du 25 mars 1239.

255. 26 avril 1240. — Acte par lequel les ordres de l'Hôpital et du Temple compromettent à Albert, patriarche d'Antioche, légat du Saint-Siège, le différend qui étoit entr'eux pour le partage des terres qu'ils avoient dans le comté de Tripoli, du 6 des calendes de may 1240.

256. Août 1240. — Donation de Geoffroy, seigneur de Prully, dans le temps qu'il étoit en pèlerinage à la Terre Sainte, d'un fief apellé Mauterre, du mois d'aoust 1240.

257. 1240. — Donation de Guy de Dompierre, seigneur de Saint-Just, faite à l'ordre, d'une rente de 50 livres tournois à prendre après sa mort sur son moulin de la Chaucière, de l'an 1240.

258. 26 mars 1240. — Acte par lequel Agnès de Margat et Rainaud Barlais, son fils, déclarent qu'en cas qu'ils puissent recouvrer le fief de Tripoli, ils rendront à l'ordre la donation de 500 besans qu'il leur avoit faite, et renoncent à ladite donation tant qu'ils tiendront ce fief, du 26 mars 1240.

259. Mai 1241 [après juin 1241 [1]]. — Confirmation faite par Balian d'Ybelin, seigneur de Bérithe, de la donation que Jean d'Ybelin, seigneur d'Arssur, son frère, avoit faite au grand maître Pierre de Vieille Brinde, de la moitié du moulin de Trois Ponts, du mois de may 1241.

---

1. La date donnée par Raybaud est certainement erronée, car la donation, dont la confirmation est ici analysée, est datée de juin 1241 (V. Delaville Le Roulx, *Les archives...*, p. 176).

260. 26 mars 1241. — Cession faite par Elizabeth d'Adelon, fille de Daniel de Teremonde, à Jean l'Allemand, du douaire qui luy revenoit comme veuve d'Hugues d'Alemand, frère dudit Jean, moyennant la somme de 600 besans, à prendre sur la maison de Rabat à Acre et sur une autre maison audit Acre, devant l'hôtel de la Reine, du 26 mars 1241.

261. 7 juin 1241. — Sentence arbitrale, rendue par Albert, patriarche d'Antioche, légat du Saint-Siège, entre frère Pierre de Vieille Brinde, grand maître de l'Hôpital, et frère Hermand de Périgord, grand maître du Temple, pour le bornement des terres et casaux qu'ils avoient dans le terroir de Tripoli, par laquelle il est dit que ce qui [aura] été réglé à ce sujet par les personnes choisies de part et d'autre sera observée, du 7 des ides de juin 1242.

262. 15 mars 1243. — Acte par lequel frère Hermand de Périgord, grand maître du Temple, remet à Jacques de Lamendelée, comme au plus proche parent du comte Jaucelin, seneschal du royaume de Hierusalem, deux titres, dont le premier contient la confirmation par Baudouin, IVᵉ du nom, sixième roy de Hiérusalem, à la comtesse Agnès, sa mère, de l'achat qu'elle avoit fait de deux casaux, apellés Chabor et Coquil, de l'an 1183; et le second renferme une donation de Guy de Lusignan, comte de Joppé et d'Ascalon, et [de] la comtesse Sibille, sa femme, à Jaucelin, seneschal du royaume de Hierusalem, son oncle, des calendes de février 1185; à condition qu'il rendra ces deux titres, s'il se trouve quelque héritier dudit comte Jaucelin plus proche que luy; ladite rémission est du milieu de mars 1243.

263. 31 août 1243. — Bulle de Frédéric II, roy de Hierusalem et de Sicile, par laquelle, de l'avis de Conrad, roy des Romains, son fils, il accorde à l'ordre la garde du château d'Ascalon, et ordonne à Thomas d'Aquin, comte d'Acerre, bailly du royaume de Hierusalem, vicaire du Saint-Empire en Syrie, de remettre ledit château aux Hospitaliers, du dernier d'aoust, indiction première, qui revient à l'an 1243.

> Cet acte figure dans Pauli (*Cod. dipl.* I, p. 118, nᵒ 111), sous la forme d'une confirmation émanée de Conrad, roi des Romains, du 30 novembre 1243.

264. 3 avril 1244. — Rémission du château d'Ascalon au grand maître de Châteauneuf par le comte Thomas d'Acquin, ensuite du pouvoir à luy donné par l'empereur Frédéric II et par le roy

Conrad, son fils [1], en présence de Boémond, V^e du nom, prince d'Antioche et comte de Tripoly, d'Almary Salaman, Henry, seigneur de Camerdes, Odon de Celles et Thomas de Lambert, du 3 avril 1244.

265. Septembre 1244. — Confirmation faite par le comte Thomas d'Acquin, vicaire du Saint-Empire Romain en Syrie et bailly du royaume de Hierusalem, suivant le pouvoir à luy donné par l'empereur Frédéric II et le roy Conrad, son fils, de la donation que Jean de Rocherouge avoit faite au grand maître Guillaume de Châteauneuf, d'un casal, apellé Eskal [2], du mois de septembre 1244.

266. 28 février 1246 [19 février 1246]. — Bulle du pape Innocent IV, portant que le comte Richard ayant fait fortifier le château d'Ascalon, et l'ordre, qui s'étoit chargé de le garder et de le défendre, ayant aussi fait des dépenses considérables pour ce sujet, il ordonne à l'archevêque de Nicosie et à l'évêque de Limisso, à qui sa bulle est adressée, qu'en cas que ce château passe dans d'autres mains, ils obligent par censures ecclésiastiques les possesseurs dudit château à dédommager l'ordre des sommes par luy employées à conserver cette place. Donné à Lion, le 2 des kalendes de mars, la 3e année de son pontificat, qui revient à l'an 1246.

Bulle « Ex parte dilecti ». Rome, Arch. du Vatican, Reg. 21, f. 270 b (copie contemporaine).

267. 30 août 1247. — Inventaire des vases sacrés et ornements qui étoient dans l'église du château de Crat et dans celle de Nostre-Dame du Bourg, fait par frère Arnaud d'Arène, prieur de l'église de Crat, du 3 des calendes de septembre 1247.

268. 7 août 1248. — Acte par lequel Pérégrin, abbé du monastère Sainte-Marie de la Latine, donne en emphitéose perpétuelle à Jean de Ronay, grand commandeur, lieutenant du grand maître, les casaux de Montdidier et Tourre Rouge, situés dans le terroir du casal de Kaco, sous la cense annuelle de 800 besans, du 7e du mois d'aoust 1248.

Malte, Arch. de l'ordre, div. I, vol. 5 (ancien vol. 6), n° 28. — Analyse dans Delaville Le Roulx, *Les archives...*, p. 181.

1. Le pouvoir de Conrad est du 30 novembre 1243 (Ed. Pauli, *Cod. dipl.*, I, p. 118, n° 111).
2. La donation est du 20 août 1244 (Ed. Delaville Le Roulx, *Les archives...*, p. 179).

269. Décembre 1248. — Donation d'Hugues de la Chapelle, chevalier, et de Marie, sa femme, du consentement de Reynaud, son fils, faite à l'ordre, d'une vigne près de Valanie, joignant celle de l'Hôpital, du mois de décembre 1248.

270. 19 août 1248. — Vente faite en présence de G., évêque d'Acre, par Simon de la Chaine et Oriente, sa femme, à frère Jean de Ronay, grand commandeur, d'une maison à Acre à la rue de Chypre, relevant de la directe dudit ordre, moyenant 900 besans, du 19 aoust 1248.

271. Février 1250. — Confirmation de Conrad, élu roi des Romains, roy de Hierusalem et de Sicile, faite à la requête de frère Raybaud, grand commandeur en Italie, Hongrie et Autriche, de tous les biens que l'ordre avoit acquis dans le royaume de Jérusalem et qu'ils acquereroient dans la suite, avec toutes les concessions, immunités et privilèges accordés à l'ordre par son ayeul Jean de Brienne et par les roys, ses prédécesseurs, donné à Gravine au mois de février 1250. Cette bulle est datée dans l'original : 1250, indiction XI, par erreur ; elle doit être de 1253, de même que la copie qui se trouve cy après au n° **280.**

272. 29 août 1251. — Acte par lequel Pierre de la Tour déclare, en présence d'Adam, archidiacre de l'église d'Acre, et Jean de Bucea de Manzo, notaire et juge du Saint-Siège apostolique, qu'il a transigé avec Hugues, commandeur des maisons de l'Hôpital de Saint-Jean d'Acre, pour des droits qu'il avoit à prétendre contre l'Hôpital, desquels il se départ moyennant 50 besans sarrazinois, du 29 aoust 1251.

273. 5 décembre 1251. — Lettres d'Othon, évêque de Tusculum, légat du Saint-Siège, par lesquelles il atteste que Nicolas de Manueth, qui avoit depuis un très long temps un procès contre l'ordre pour certains biens qu'il prétendoit luy appartenir, a déclaré, en présence de Jean d'Ybelin, seigneur d'Arssur, connestable et bailly du royaume de Jérusalem, qu'il avoit autrefois vendu ces biens à l'ordre, et qu'il en avoit été payé, renonçant au procès qu'il avoit intenté pour ce sujet au grand maître et à l'ordre, remettant le droit qu'il pourroit y avoir encore, et prie le légat d'en expédier les lettres audit ordre, du 5 décembre 1251.

274. 5 décembre 1251. — Lettres de Robert, patriarche de Jérusalem, pour le même sujet que celles d'Othon, évêque de Tusculum, du 5 décembre 1251.

275. 19 avril 1252. — Vente de Raymonde, femme de Nicole de Messan, faite au grand maître Guillaume de Châteauneuf, de la moitié de l'héritage qui luy avoit été donné par Isabeau de Conches, duquel l'ordre avoit l'autre moitié, moyennant 150 besans sarrazinois, du 19 avril 1252.

276. 5 février 1252. — Bulle d'Innocent IV, par laquelle ce pape, à la prière des Hospitaliers, qui avoient eu la garde du château d'Ascalon par concession de l'empereur Frédéric II, à condition que, s'ils venoient à en être privés, ils seroient indemnisés des dépenses justes et nécessaires qu'ils auroient faite pour la conservation de cette place; il ordonne que ni aucun successeur de Frédéric ni aucune autre personne ne pourront les priver de la garde de cette place, sans leur rembourser auparavant les frais qu'ils auront fait pour la conservation de ce château. Donné à Pérouse, aux nones de février, la neuvième année de son pontificat, qui est en l'année 1252.

> Malte, Arch. de l'ordre, bull. orig. n° 47 (pièce auj. perdue). — Ed. Pauli, *Cod. dipl.*, I, p. 273, bulle 7.

277. Juillet 1252. — Permission donnée par Henry, Ier du nom, roy de Chypre et de Hierusalem, au grand maître frère Guillaume de Châteauneuf, de faire deux portes pour la comodité de la maison de l'Hôpital à Acre, à la rue qui est sous la voûte de ladite maison, laquelle est entre l'Hôpital des malades et l'église de Saint-Jean d'une part, et le grand manoir des frères de l'Hôpital de l'autre, du mois de juillet 1252.

278. 7 mars 1252. — Lettres patentes de Conrad, élu roy des Romains, qui confirme l'ordre dans le droit de garder le château d'Ascalon, suivant le privilège qu'il en avoit obtenu de l'empereur Frédéric, son père, du 7 mars 1252. (V. plus haut, n° **263**.)

279. 15 mars 1252. — Donation de Raoul de Barut, seigneur de Blanche Garde, faite à l'ordre, de deux casaux apellés Capharbole et Labores, recevant par reconnaissance 7000 besans de l'ordre, du milieu du mois de mars 1252.

280. Février 1253. — Lettres patentes de Conrad, élu roy des Romains, données à la prière de frère Raimbaud, grand comandeur en Italie, Hongrie et Autriche, par lesquelles il confirme à l'ordre tous les biens qu'il avoit acquis dans le royaume de Jérusalem et qu'il acquereroit dans la suite, ensemble toutes les concessions, immunités et privilèges accordés audit ordre par son ayeul maternel Jean de Brienne et par les roys, ses prédécesseurs, données à Gravine, au mois de février, indiction XIe, année 1253. (V. plus haut, n° **271**.)

281. **Février 1253.** — Acte par lequel le grand maître Guillaume de Châteauneuf, du consentement de frère Hugues Revel, grand comandeur, et du couvent, reçoit dans la confraternité de l'ordre Mathieu de Pive et Exemène de Sandave, prieurs de la confrérie de Saint-Jacques à Acre, et tous les frères de cette société, lesquels s'obligent toutes les années, à chaque nouvelle élection de prieurs et par leur organe, de prêter serment de fidélité entre les mains du grand maître de l'Hôpital, du mois de février 1253.

282. Décembre 1253. — Donation de Jean Laleman, seigneur de Césarée, et de Marguerite, sa femme, à l'ordre, d'un casal au terroir d'Acre, apellé Damor, avec toutes ses dépendances, du mois de décembre 1253.

283. 1 juin 1254. — Testament de Marguerite, dame de Sydon, par lequel elle fonde à perpétuité un chapelain dans l'église de Saint-Jean, qui sera entretenu aux dépens de Julien, seigneur de Sydon, et fait ses exécuteurs testamentaires l'archevêque de Tyr, Jean, abbé de Saint-Samuel, le mareschal de l'Hôpital, frère Hugues Revel, grand commandeur dudit Hôpital, et frère G., prieur des Carmes, du 1 juin 1254.

284. Août 1254. — Serment de fidélité, prêté par Salvador de Daroqui, prieur de la confrérie de Saint-Jacques à Acre, entre les mains du grand maître frère Guillaume de Châteauneuf, qui le reçoit de nouveau, luy et ses confrères, dans la confraternité et participation des prières, bonnes œuvres et aumônes de l'ordre, du mois d'aoust 1254.

285. 21 septembre 1254 [août 1254]. — Donation faite à l'ordre par Julien, seigneur de Sydon, du village de Casal Robert, situé entre Nazareth et Tybériade, du 21 septembre 1254.

Malte, Arch. de l'ordre, div. I, vol. 5 (ancien vol. 6), n° 39. — Ed. Pauli, *Cod. dipl.*, I, p. 141, n° 123.

286. 22 septembre 1254. — Acte par lequel Julien, seigneur de Sydon, donne pouvoir au grand maître et à l'ordre d'entrer en possession du village de Casal Robert, du 10 des calendes d'octobre 1254.

Malte, Arch. de l'ordre, div. I, vol. 5 (ancien vol. 6), n° 87. — Ed. Pauli, *Cod. dipl.*, I, p. 144, n° 124.

287. Janvier 1254. — Confirmation de Conrad, élu roy des Romains, roy de Hierusalem et de Sicile, donné à la prière de frère Raimbaud, grand commandeur en Italie, Hongrie et Autriche, de tous les biens qu'ils avoient dans l'étendue du royaume de Hierusalem et qu'ils pourroient avoir à l'avenir, donné à Foggi au mois de janvier 1254, indiction XIIᵉ.

288. Août 1254. — Donation de six casaux, faite par Julien, seigneur de Sydon, à Guillaume de Bouillon et ses hoirs; en considération de quoy ledit Guillaume se rend son homme lige, du mois d'août 1254.

289. 11 avril 1255. — Bulle du pape Alexandre IV, adressée à l'archevêque de Tyr et à l'abbé de Sainte-Marie de la vallée de Josaphat, ordre de Saint-Benoît, portant que, le monastère de Monthabor ayant été détruit par les Sarrasins sans espérance que l'abbé et les religieux peussent le faire relever, il en accorde la jouissance de tous les biens et possessions aux Hospitaliers, à condition que si, dans dix ans, les chrétiens faisoient la paix ou quelques treuves avec les Sarrazins, l'ordre seroit obligé de faire construire dans ce lieu une forteresse et d'y entretenir 50 chevaliers pour la défense de la chrétienté, leur enjoignant de mettre l'ordre en possession dudit monastère et de ses dépendances. Donné à Naples, le 3 des ides d'avril, 1ᵉʳ an de son pontificat, 1255.

Rome, Arch. du Vatican, reg. 24, nº 288 (copie contemp.).

290. Juin 1255. — Acte de la mise en possession de l'ordre, en conséquence de la bulle du pape Alexandre IV, du monastère de Monthabor, fait par Gilles, archevêque de Tyr, et scellée de son sceau, du mois de juin 1255.

291. Juin 1255. — Extrait de la prise de possession par l'ordre du monastère de Monthabor, receue par Pierre Fassatelli, notaire, qui avoit accompagné Gilles, archevêque de Tyr, du mois de juin 1255.

292. 23 juin 1255. — Commission, donnée par l'archevêque de Tyr à l'évêque et au trésorier de l'église de Tripoli, de mettre l'ordre de l'Hôpital en possession des biens que le monastère de Monthabor avoit dans le comté de Tripoli, donné à Acre, le 9 des calendes de juillet 1255.

293. 28 janvier 1255. — Accord passé entre les Hospitaliers et les Templiers, par lequel ils conviennent de se tenir quittes respectivement de tous les frais et dépens qu'ils pourroient se demander pour les différends qu'ils avoient eu jusques alors; ladite transaction approuvée et confirmée par le grand maître de Châteauneuf, le 28 janvier 1255.

294. Mai 1255. — Acte par lequel Jean l'Aleman et Marguerite, sa femme, dame de Césarée, promettent la préférence à frère Guillaume de Châteauneuf, grand maître de l'ordre, sur tous ceux qui voudroient acheter un lieu apellé le moulin Rout, situé dans le terroir de Césarée, en cas que luy ou ses hoirs voulussent le vendre, du mois de mars 1255.

295. 14 février 1255. — Acte par lequel Henry, oncle de Boémond, IVe du nom, et les principaux seigneurs de sa cour promettent de sa part au grand maître de Châteauneuf, que ce prince gardera le compromis qu'il a fait avec luy au sujet des différends qu'ils avoient ensemble, et qu'il acquiescera à la sentence des arbitres dont ils sont convenus, à peine de 1000 marcs d'argent en cas de contravention, du 14 février 1255.

296. 1 mai 1255. — Donation de Mathieu du Bourg, chevalier, faite entre les mains de frère Hugues Revel, grand comandeur, de la moitié d'une maison qu'il avoit par indivis avec l'ordre, des kalendes de may 1255.

297. Août 1255. — Donation de Jean d'Ybelin, seigneur d'Arssur, connestable du royaume de Hierusalem, au grand maître Guillaume de Châteauneuf et à l'ordre, de deux pièces de terre situées dans la plaine d'Acre, pour laquelle il a reçu par reconnaissance 2000 besans, du mois d'août 1255.

Malte, Arch. de l'ordre, div. I, vol. 5 (ancien vol. 6), no 44. — Ed. Delaville Le Roulx, *Les archives...*, p. 189.

298. 5 mai 1255. — Lettre de Guérin, Michel et Pierre, religieux du Monthabor, écrite au pape Alexandre IV, sur la donation qu'il avoit faite de leur monastère à l'ordre de l'Hôpital, assurant sa sainteté qu'elle ne pouvoit rien faire de mieux pour la chrétienté, datée d'Acre du 5 may 1256.

Malte, Arch. de l'ordre, div. I, vol. 5 (ancien vol. 6), no 47 b. — Ed. Pauli, *Cod. dipl.*, I, p. 148, n° 127.

299. 23 juin 1256. — Prolongation faite par Jean d'Ybelin, comte de Jaffa et d'Ascalon, seigneur de Rama, du compromis passé avec l'ordre au sujet des dépenses qu'il avoit faites pour la garde du château d'Ascalon, du jour de la veille de Saint-Jean-Baptiste 1256.

300. Juillet 1256. — Acte par lequel Jean d'Ybelin, comte de Jaffa et d'Ascalon, promet de s'en tenir à ce que Philippe de Mont-fort, seigneur de Tyr, frère Hugues Revel, grand commandeur, et Pierre d'Avalon, conestable de Tibérie, décideront sur le différend qui étoit entre l'ordre et luy pour les frais que ledit ordre avoit fait à occasion de la garde du château d'Ascalon, du mois de juillet 1256.

301. 27 août 1256. — Nomination d'arbitres entre l'ordre et l'abbesse du monastère de Sainte-Anne d'Acre, pour borner le casal de Galilée, apartenant à l'ordre, et celuy de Davie, au monas-tère, tous les deux situés dans la seigneurie de Césarée, du 27 août 1256.

302. 4 octobre 1256. — Bulle du pape Alexandre IV, donnée à la requête du grand maître de Châteauneuf, qui renouvelle la bulle du pape Pascal II (qui dépérissoit de vieillesse), adressée à Géraud, archevêque de Monthabor, par laquelle il mettoit ledit monastère et tous ses biens sous la protection immédiate du Saint-Siège, et confirme à son église le droit d'archevêché, à luy et à ses successeurs abbés, avec la dignité de métropolitain dans la principauté de Tibériade et de Galilée, avec l'usage du pallium ; la bulle du pape Alexandre donnée à Agnanie, le 4 des nones d'octobre, la 2e année de son pontificat, qui revient à l'an 1256.

Malte, Arch. de l'ordre, bull. orig., n° 64 (auj. perdu). Une copie par Pauli subsiste (Lucques, Bibl. publ., ms. 988, f. 285 *b*).

303. 3 octobre 1256. — Bulle du pape Alexandre IV, donnée à la requête du grand maître de Châteauneuf, qui renouvelle, pour la même raison que la précédente (n° **302**), une bulle du pape Eugène III, adressée à Pons, abbé du Monthabor, par laquelle il confirme la bulle de Pascal II et confère audit Pons la dignité d'archevêque, avec le droit de porter le pallium, et la confirme à ses successeurs, abbés du Monthabor, pour l'honneur de son église de Saint-Sauveur, du 5 des nones d'octobre, la 2e année de son pontificat, qui revient à l'année 1256.

Malte, Arch. de l'ordre, bull. orig., n° 65 (auj. perdu). — Mar-seille, Arch. des Bouches-du-Rhône, H¹ 19, n° 120 (orig. bullé).

304. 4 octobre 1256. — Bulle du pape Alexandre IV, par laquelle il confirme une donation de Raimond I, comte de Tripoli, faite au monastère de Monthabor, du consentement d'Hodierne, sa femme, fille de Baudouin, roy de Hierusalem, et de Raimond, son fils, de 1145, du mois de janvier, de quelques maisons situées à

Tripoli et dans son bourg, avec une exemption de payer aucun
péage par mer et par terre dans toute l'étendue de ses états pour
les denrées qu'on transporteroit pour l'usage dudit monastère. A
Agnanie, le 4 des nones d'octobre, la 2ᵉ année de son pontificat, en
l'an 1256.

305. 22 février 1256. — Convention passée entre Boémond IV,
prince d'Antioche et comte de Tripoli, et le grand maître Guillaume de Châteauneuf, de prendre pour tiers arbitre de leurs
différends Henry, seigneur de Gibelet, à la place de Guillaume,
seigneur de Bothron, et promettent d'acquiescer tous les deux à la
sentence qui sera rendue par luy, par frère Hugues Revel, grand
commandeur, et Geoffroy le Tort, du 22 février 1256.

306. Avril 1257. — Acte par lequel Jean de Montfort, seigneur
de Thoron, parvenu en majorité, ratifie et confirme à frère
Thomas Bérard, grand maître des Templiers, les donations faites
par Philippe de Montfort, son père, à leur ordre, et les conventions et échanges passés par sondit père avec frère Reinaud de
Vichiel, grand maître dudit ordre, de plusieurs casaux et terres,
du mois d'avril 1257.

307. 9 mai 1257. — Emprunt fait par Philippe, chantre de
l'église de Tripoli, au nom d'Opiso, son évêque, et de son chapitre,
des Hospitaliers, de 1900 livres tournois, que ledit évêque déclare
être pour son voyage d'outre mer, du 9 may 1257.

308. Janvier 1257 [2 janvier 1257]. — Bulle d'Alexandre IV
qui relève les Hospitaliers de la prescription qu'on pourroit leur
opposer pour la non jouissance des biens du monastère de
Monthabor, qui seroit occasionnée par les guerres des infidèles.
Donné à Latran, le 10 [IV] des nones de janvier, la 3ᵉ année de son
pontificat, en l'année 1257.

Malte, Arch. de l'ordre, bull. orig., n° 27 (auj. perdu). Une
copie de Pauli subsiste à Lucques (Bibl. publ., ms. 988, f. 52 b).

309. 1 mars 1257. — Bulle du pape Alexandre IV, adressée
à l'abbé de Sainte-Marie de la vallée de Josaphat, demeurant à
Acre, par laquelle il luy enjoint de maintenir l'ordre dans la
possession de tous les biens et droits du monastère de Monthabor
contre tous ceux qui voudroient les empêcher d'en jouir, et de se
servir, s'il étoit nécessaire, de la voye de l'excommunication.
Donné à Latran, le 1ᵉʳ des calendes de mars, 3ᵉ année de son pontificat, 1257.

310. 20 février 1256. — Permission donnée par Julien, seigneur de Sydon, au grand maître Guillaume de Châteauneuf, d'acheter des casaux ou terres dans sa seigneurerie pour 1000 besans sarrazinois de rente, à condition que cela ne le prive que du service d'une chevalerie, et luy promet de luy confirmer tous les achats qu'il faira, du 20 février 1257.

311. 16 décembre 1258. — Accord passé entre le grand maître frère Hugues Revel et H., archevêque de Nazareth, pour le complément de 200 charruées de terre des quatre casaux que les frères de l'Hôpital avoient affermé dudit archevêque, situés dans la terre de Bathos, du 16 décembre 1258.

312. 9 octobre 1258. — Accord fait entre frères Thomas Bérard, grand maître du Temple, et Hugues Revel, grand maître de l'Hôpital, [et le grand maître de] Sainte-Marie des Allemands, dit des Teutoniques, sur toutes les contestations qu'ils avoient entre eux et qui pourroient survenir dans la suite dans les royaumes de Hierusalem, Chypre, Arménie, dans la principauté d'Antioche et comté de Tripoli, excepté sur les procès meus ou à mouvoir, pour raisons des villes, châteaux, châtellanies, bourgs et casaux, lesquels ils se réservent de faire vuider dans les cours ecclésiastiques ou séculières, ainsi qu'ils le trouveront à propos, et font du surplus des règlements pour prévenir et terminer les différents qu'ils pourroient avoir dans la suite, du 9 octobre 1258.

Ed. Strehlke, *Tabulæ ordinis Theutonici* (Berlin, 1859), p. 98.

313. 19 avril 1259. — Acte par lequel Boémond IV, prince d'Antioche et comte de Tripoli, tient quitte pour lui et ses hoirs le grand maître Hugues Revel et son ordre de tous les domages qu'il prétendoit avoir reçu de leur part, depuis la paix qui avoit été faite entre ce prince et le grand maître Guillaume de Châteauneuf, avec le vidimus de Thomas, patriarche de Hierusalem, légat du Saint-Siège et administrateur de l'église d'Acre, du 19 avril 1259.

314. 21 avril 1259. — Transaction passée entre Boémond VI, prince d'Antioche et de Tripoli, fils de Boémond V, prince et comte desdits lieux, et le grand maître Hugues Revel, à la prière et par l'entremise de Haiton, roy d'Arménie, de frère Thomas Bérard, grand maître du Temple, Jean d'Ybelin, comte de Jaffa, et Baudouin d'Ybelin, seneschal de Chypre, sur plusieurs contestations, demandes et prétentions respectives, du 21 avril 1259.

Malte, Arch. de l'ordre, div. I, vol. 5 (ancien vol. 6), n° 63. — Analyse dans Delaville Le Roulx, *Les archives...*, p. 196.

315. 17 juillet 1259. — Transaction passée entre le grand maître Hugues Revel et Philippe, chantre de l'église de Tripoli, sur le procès qui étoit entre eux par devant les juges délégués par le Saint-Siège au sujet du paiement de la dixme des casaux et terres que l'ordre avoit dans le comté de Tripoli, par laquelle ledit chantre ratifie une précédente transaction, passée le 5 des ides de décembre 1125 entre le grand maître Raymond Dupuy et Bernard, évêque de Tripoli et son chapitre [1], qui exempte l'ordre du paiement de la dixme. La transaction passée avec ledit chantre étant confirmée par O., évêque de Tripoli, et par son chapitre, le 17 juillet 1259.

316. 8 août 1259. — Ratification de Rainier Geno, doge de Venise, du bail en emphitéose passé par l'ordre à la répul lique de Venise, entre les mains de Marc Justiniani, bailli de la république à Acre, Pierre Brissy et Jean Molino, ses conseillers, de deux maisons à Acre sous la cense de 40 besans sarrazinois d'or, du 8 août 1259.

317. 29 août 1259. — Déclaration de sœur Philippe, établie prieure du monastère Saint-Lazare de Béthanie par G., patriarche de Jérusalem, légat du Saint-Siège, portant que le grand maître de l'Hôpital luy a remis la jouissance de ce prieuré pendant sa vie; et reconnoit tenir ce bénéfice de luy, ce monastère ayant été donné à l'ordre de l'Hôpital de Hierusalem par le pape Alexandre IV, du 4 des calendes de septembre 1259.

318. 25 octobre 1259. — Convention passée entre Henry, archevêque de Nazareth, son chapitre et le grand maître Hugues Revel pour les dixmes de Belveer et ses dépendances, par laquelle il est réglé que l'ordre ne payera dorénavant que la 20e partie du bled d'orge, fève, pois chiches, lentilles, vins et huiles, et qu'il sera exempt de toute autre sorte de dixme pour lesdites terres, du 25 du mois d'octobre 1259.

319. 23 janvier 1259. — Règlements faits par frère Simon de Villejus, drapier de la maison de l'Hôpital de Jérusalem, Bernard de Porte, clerc hospitalier, frère Giraud du Sauset, commandeur de la maison du Temple de Tripoli, Arnaud Rafet de la même maison, casalier de Tourellée, et frère Herman de Ricle, de la maison des Teutoniques, arbitres choisis par les Templiers et les Hospitaliers pour terminer les contestations et procès qu'ils

1. La transaction, du 9 décembre 1125, a été éditée par Pauli (*Cod. dipl.*, I, p. 7, n° 7).

avoient pour des maisons, terres, champs, vignes, jardins, chemins, murailles et eaux situées dans le comté de Tripoli et dans la seigneurie de Margat, du 23 janvier 1259.

320. 6 mars 1259. — Rémission faite à l'ordre par Isabelle, dame d'Adelon, veuve d'Hugues, frère du seigneur d'Acre, de 600 besans de rente, qui luy avoient été assignés pour son douaire sur des maisons à Acre, qui avoient été vendues à l'Hôpital par le seigneur de Césarée à la charge de payer cette redevance, moyennant 1500 besans d'or sarrazinois, qu'elle déclare avoir reçu de frère Guillaume Marin, qui avoit stipulé dans cet acte au nom du grand maître, du 6 mars 1259.

321. Avril 1261. — Donation de Philippe de Montfort, seigneur de Tyr, et Jean de Montfort, seigneur de Thoron, faite à un Plaisantin, de 500 besans sarrazinois par an à prendre sur leurs domaines, à condition que ledit Plaisantin se rendroit leur homme lige pour les servir dans le royaume de Jérusalem, et qu'il entretiendroit à ses dépens trois escuyers, et fourniroit trois chevauchées, du mois d'avril 1261.

322. 1261. — Echange entre l'ordre et Balian d'Ybelin, seigneur d'Arssur, de 1000 besans sarrazinois toutes les années, que l'ordre promet de leur payer de trois en trois mois, assurés sur leur trésor à Acre et autres que ledit ordre avoit dans la Syrie, à la place de 4000 besans que ce seigneur prenoit sur des casaux et autres biens, de l'an 1261.

323. 18 décembre 1261. — Cession de Gilles, veuve d'Ildebland, de tous les droits qu'elle pouvoit avoir, pour raison de sa dot, sur une maison située à Acre, qui avoit appartenu à son mari et que l'ordre possédoit, faite entre les mains de Guillaume de Lormière, au nom du grand maître, du 15 des kalendes de janvier 1261.

324. 11 octobre 1261. — Réquisition faite de la part du grand maître de l'Hôpital par frère Simon, procureur dudit grand maître et de l'ordre, en présence de frère Thomas, évêque de Béthléem, légat du Saint-Siège, de l'archevêque de Nicosie, [de l']évêque de Barut et d'autres personnes, à Julien, seigneur de Sidon, qui leur avoit vendu le Casal Robert, demandant qu'il leur fût garant de cette vente contre l'archevêque de Nazareth et son chapitre, qui revendiquoient ce casal, par l'authorité du Saint-Siège qui avoit écrit à son légat de faire rendre justice à l'archevêque de Nazareth, du 11 du mois d'octobre 1261.

325. 1 mai 1262. — Confirmation de Boémond VI, fils de Boémond, de la donation d'une terre appellée « la Pie », près d'Antioche, que Sibille, fille de Gautier de Sourdeval, avoit faite à l'ordre, du 1 may 1262.

326. 1 mai 1262. — Rémission de Boémond VI, prince d'Antioche et comte de Tripoli, au grand maître Hugues Revel, des droits qu'il prétendoit avoir sur certaines villes, châteaux et casaux que l'ordre possédoit, se réservant la deuxième partie de la seigneurie de Laodicée, du 1 may 1262, la 9e année de sa principauté et comté.

327. 27 mai 1262. — Compromis avec frère Thomas Bérard, grand maître du Temple, et frère Hugues de Revel, grand maître de l'Hôpital, par lequel ils donnent pouvoir à frère Thomas, évêque de Bethléem, légat du Saint-Siège, frère Herman Helderong, grand commandeur de l'ordre des Templiers, Geoffroy de Sergines, seneschal et bailli du royaume de Hierusalem, et Guillaume, seigneur de Botron, connétable dudit royaume, de terminer généralement tous leurs différends, du 27 mai 1262.

328. 29 mai 1262. — Sentence arbitralle, rendue par les arbitres nommés à la pièce précédente, qui règle toutes les contestations qui étoient entre les deux ordres de l'Hôpital et du Temple, du 29 mai 1262.

329. 9 juillet 1262. — Acte par lequel Thomas, évêque de Bethléem, et les autres arbitres cy-dessus nommés (n° **327**), pour finir à l'amiable les différents qui restoient à décider entre l'ordre de l'Hôpital et celuy du Temple après leur dernière sentence, déclarent que pour les moulins d'Oc et de Ricordaine ils doivent suivre un accord qui avoit été fait cy devant entre eux, du 9e jour de juillet 1262.

330. 11 janvier 1262 [11 janvier 1263]. — Sentence arbitrale de Thomas, évêque de Bethléem, légat du Saint-Siège, entre Henry, archevêque de Nazareth, son chapitre et le grand maître Hugues Revel et son ordre, au sujet de quelques contestations qui étoient entre eux, et principalement pour le Casal Robert, du jeudi 11 janvier 1262.

331. 8 septembre 1263. — Donation de Balian, seigneur d'Arssur, en faveur de l'ordre, des amendes et conflscations auxquelles les manants et habitants de sa seigneurie d'Arssur pourroient être condamnés pour quelles causes que ce soit, du 8 septembre 1263.

332. 8 octobre 1264. — Vente d'un casal, apellé Botrafis, et quinze parcelles de terre, faite à l'ordre par Hugues Gibelet pour 12000 besans sarrazinois, du 8 octobre 1264.

333. Février 1264. — Désemparation de quelques casaux, faite en faveur de l'ordre par Eschive, princesse de Galilée et de Tibériade, au grand maître Hugues Revel, en remplacement des casaux de Lubie, Segera, Quepsenne, Orbel, Damie, Beitegon, Hordzi et Harousse, que ladite princesse tenoit et que l'ordre prétendoit luy appartenir comme ayant succédé aux droits du monastère de Monthabor; lequel différend avoit été réglé du temps du grand maître de Châteauneuf par Philippe de Montfort, seigneur de Tyr, feu Jean d'Ybelin, seigneur de Baruth, et feu Jean d'Ybelin, seigneur d'Arssur, qui avoient condamné ladite princesse à désemparer deux cent charruées de terre pour remplacer les susdits casaux, du mois de février 1264.

334. 5 novembre 1265. — Testament de Jacques de Lamendelée, seigneur d'Acre, par lequel il institue son fils Guillaume son héritier, fait élection de sépulture dans l'église de l'Hôpital comme étant confrère de l'ordre, et fait le grand maître un de ses exécuteurs testamentaires, du 5 novembre 1265.

335. Janvier 1265. — Accord passé en présence de Guillaume, patriarche de Jérusalem, légat du Saint-Siège, entre le grand maître Hugues Revel et Pierre, évêque d'Ebron, et son chapitre, pour certaines maisons et fours que l'ordre avoit donné en emphitéose, construit sur un terrain donné à l'église d'Ebron par les roys de Hierusalem, au Montmuzard à Acre, du mois de janvier 1265.

336. 13 février 1265. — Vente d'une maison joignant l'Hôpital à Acre, faite au grand commandeur frère Étienne de Moses par Mathieu Marmera, originaire de Venise, moyennant 1700 besans, en présence de Michel Dauron, baile de la seigneurie à Acre, du 13 février 1265.

337. 3 mars 1265. — Acte par lequel Amaury Barlais déclare que, le grand maître Hugues Revel et son ordre luy ayant prêté 14400 besans pour retirer son casal d'Arrabe des Templiers, pour l'assurance de laquelle somme il remet à l'ordre la rente de 2000 besans qu'il luy faisoit pour raison de la seigneurie de Margat, que l'ordre avoit eu de ses ancestres; fait en présence de Guillaume, patriarche de Hierusalem, légat du Saint-Siège, à la réquisition dudit Amaury, du 3 mars 1265.

338. 3 octobre 1266. — Rémission de 40 besans de rente, faite au grand maître Hugues de Revel par Julien, seigneur de Sydon, assignée sur de certains biens qu'il avoit près de ladite ville, pour être destinés à l'entretien du prêtre que Marguerite, dame de Sydon, sa mère, avoit fondé par son testament dans l'église de Saint-Jean. Vidimé par M° Jean de Montdidier, notaire apostolique, du 3 octobre 1266.

339. 1 janvier 1266. — Bulle du pape Clément IV, par laquelle il adjuge aux Hospitaliers un casal apellé Itharie dans le terroir d'Antioche, que l'évêque et le chapitre d'Ebron leur disputoient, obligeant l'ordre de payer à l'évêque, pour raison dudit casal, 70 besans d'or sarrazinois, tant que la ville d'Antioche seroit entre les mains des chrétiens ou qu'il seroit semé en tout ou en partie. Donné à Pérouse, aux calendes de janvier, la première année de son pontificat, l'année 1266.

340. Avril 1267. — Lettres patentes de Baudouin, II° du nom, empereur de Constantinople, par lesquelles il invite Pons Sayo, prieur de Hongrie et d'Esclavonie, de venir le trouver avec autant de gens de guerre qu'il se pourroit pour le service de Dieu et de l'empire; et luy promet, ou à celuy qui viendroit à sa place, tous les biens que les Hospitaliers avoient dans l'empire, dans la ville de Constantinople ou dehors, par concessions des précédents empereurs, et de distribuer aux soldats une quantité proportionnée à leurs services des terres qu'ils pourroient conquérir. Donné à Viterbe, au mois d'avril 1267, la 28° de son empire.

341. 26 septembre 1267 [26 octobre 1267]. — Compromis entre le grand maître Hugues Revel, l'évêque et chapitre d'Anterade ou Tortose, à Guillaume, patriarche de Hierusalem, légat du Saint-Siège, pour les décimes de Crat, du 26 septembre 1267.

Malte, Arch. de l'ordre, div. I, vol. 7 (auj. perdu), n° 15. — Ed. Pauli, *Cod. dipl.*, I, p. 183, n° 145.

342. 19 octobre 1267 [29 octobre 1267]. — Transaction passée en présence de Guillaume, patriarche de Hierusalem, entre frère Simon de Recco, Hospitalier, au nom du grand maître Hugues Revel et de son ordre, avec Henry, abbé du monastère de la Latine, pour les casaux de Montdidier et Tourrerouge, que ce monastère avoit donné en emphytéose aux Hospitaliers, lesquels prétendoient avoir été considérablement lésés dans cette affaire, et avoient demandés au Saint-Siège des juges pour faire annuler le bail, du 19 octobre 1267.

Malte, Arch. de l'ordre, div. I, vol. 18, n° 6. — Ed. Delaville Le Roulx, *Les Archives...*, p. 230.

343. 1267. — Compromis, passé entre les ordres de l'Hôpital et du Temple, à Pierre, évêque de Biblis, et Barthélemy, archidiacre d'Antioche, sur le différend qui étoit entre eux pour les limites et confins de la ville de Gibel et du château de Margat, de l'an 1267.

344. 15 juin 1267. — Rémission faite en présence de Guillaume, patriarche de Hierusalem, légat du Saint-Siège, par Haternie, fille de Saliba Surien, et Pierre, son mary, au grand maître Hugues Revel de tous les droits qu'elle prétendoit sur les biens dudit Saliba, qui avoit institué son héritier frère Estienne, grand commandeur, du 15 juin 1267.

345. 13 octobre 1267. — Sentence arbitrale rendue par Guillaume, patriarche de Jérusalem, légat du Saint-Siège, entre Guillaume, évêque d'Anterade, et l'ordre, sur les contestations qui étoient entre eux pour les dixmes de Crat, du 13 octobre 1267.

346. 1268. — Etat des vases sacrés et ornements de l'église de Saint-Jean-d'Acre, reconnus par frère Bonafoux de Calamandre, grand commandeur, de l'année 1268.

347. 14 mai 1268. — Acte par lequel Guillaume, évêque d'Anterade, en conséquence de la permission du Saint-Siège et du consentement de son chapitre, remet au grand maître frère Hugues Revel et à l'ordre les 1000 besans sarrazinois qui avoient été adjugés à son église par la sentence de Guillaume, patriarche de Jérusalem, légat du Saint-Siège, pour la dixme des biens dépendant du chateau de Crat, et consent au nom de son église de les échanger pour 1000 besans de Tripoli, du jour avant les ides de may 1268.

348. 27 mai—10 juin 1268.—Lettre écrite par le grand maître Hugues Revel à frère Féraud de Barras, grand prieur de Saint-Gilles, où il luy dépeint la triste situation dans laquelle se trouvoient les chrétiens en Syrie par les conquêtes des Sarrazins, et le sollicite vivement de luy envoyer du secours, datée d'Acre dans la quinzaine de la Pentecôte 1268.

349. 8 juin 1268. — Donation faite à l'ordre, entre les mains de

frère Simon de Recco, par Marguerite, fille de Reynier de Confor-
tanze, de quatre carats qu'elle avoit sur une gastine, en présence
de Hélie du Canal, trésorier de l'église de Famagouste et official
du patriarche Guillaume II de Jérusalem, légat du Saint-Siège, et
scellée du sceau de la cour patriarchale, du 8 juin 1268.

350. 12 novembre 1269. — Lettres patentes de Ferdinand San-
che, fils naturel du roy Jacques I d'Aragon, seigneur de Castro,
par lesquelles il déclare que le grand maître Hugues Revel luy a
fait donation de la maison et de la moitié du village d'Ils, pour les
posséder sa vie durant, moyennant dix marabotins d'or payables
toutes les années au châtelain d'Emposte ou à son lieutenant, du
12 novembre 1269.

351. Juin 1270. — Confirmation d'Hugues, IIIe du nom, dou-
zième roy de Jérusalem et de Chypre, d'un échange fait entre le
grand maître Hugues Revel et Philippe de Montfort, seigneur de
Tyr, d'une porte que les Hospitaliers avoient derrière leur maison
à Tyr aux murailles de la ville, par concession d'Aymeri, roy de
Jérusalem et de Chypre, et de la reine Isabeau, sa femme; laquelle
porte donnoit sur la mer, et pour laquelle ledit seigneur de Tyr
leur cède le casal de Maron, situé dans la seigneurie de Tyr, avec
toutes ses dépendances, donné à Nicosie au mois de juin 1270.

352. 15 mars 1270. — Convention passée entre le grand maître
Hugues Revel et Henry, archevêque de Nazareth, de se départir
mutuellement de l'accord fait entre eux par l'entremise de Thomas,
évêque de Bethléem, légat du Saint-Siège, au sujet du Casal Robert,
consentant que chacun rentre dans le droit qu'il avoit avant ledit
accord, des ides de mars 1270.

353. 10 juillet 1270. — Déclaration de frère Hannon de Gau-
gerhausen, grand maître des Teutoniques, portant que le grand
maître de l'Hôpital Hugues Revel luy a permis et à son ordre,
attendu le mauvais état du château de Montfort, de semer les
terres du casal de Manueth, appartenant aux Hospitaliers, pour
cette seule année seulement, et qu'après la récolte perceue, ils
n'auront aucun droit sur cette terre, du 10 du mois de juillet 1270.

354. Janvier 1273. — Donation de Guy, seigneur de Biblis,
faite au grand maître Hugues Revel, du casal apellé le Maouf avec
toutes ses dépendances, du mois de janvier 1273.

355. 28 octobre 1275 [28 octobre 1274]. — Acte par lequel Jean

Anselme, Pisan, citoyen d'Acre, comme tuteur d'Héloïse, fille d'Estienne de Tersan, Pisan, et plusieurs autres promettent tous ensemble à frère Bernard, casalier des maisons de l'Hôpital de Jérusalem, de garder la convention qu'ils avoient fait avec luy au' sujet d'une pièce de terre avec une maison se joignant, située près de l'Hôpital, qu'ils luy avoient vendu, du 5 des calendes de novembre 1275, indiction IIIe, selon le calcul des Pisans.

356. 1 avril 1277. — Accord fait entre Boémond VII, prince d'Antioche et comte de Tripoli, et le grand maître Hugues Revel, au sujet de quelques fortifications que le prince, son père, avoit fait bâtir sur des vieilles voûtes et fondations de la maison de l'Hôpital de Tripoli, et sur quelques autres différends qu'ils avoient ensemble, du 1er jour du mois d'avril 1277.

357. 3 août 1277. — Arrentement fait par Paul, évêque de Tripoli, pour tout le temps de sa vie, à frère Jean de Villiers, commandeur de Tripoli, de la dixme de 50 pareillées de terre, située dans la plaine de Tripoli, du jardin de Pulcelles et du casal de Resmeche, pour la rente annuelle de 60 besans d'or, du 3 août 1277.

358. Sans date [1275-1278]. — Propositions faites de la part de Boémond VII, prince d'Antioche, par Guillaume de Reynier, traitant en son nom, à frère Nicolas le Lorgne, commandeur de Tripoli, et Bernard de Porteclare, commandeur des chevaliers de Crat, sur la contestation qu'il avoit avec le châtelain de Crat au sujet de l'échange des terres de la Jume et Arcel, avec la réponse dudit frère Nicolas le Lorgne et Bernard de Porte-Clare audit Guillaume de Reinier, sans datte.

359. 10 mars [1275 ou 1276]. — Accord fait entre Boémond VII, prince d'Antioche et comte de Tripoli, et le grand maître Hugues Revel, pour les 3000 besans que ce prince leur devoit payer tous les ans, pour certains casaux que son père et luy tenoient de l'ordre, sous prétexte de quelques raisons qu'ils prétendoient avoir, promettant de les payer doresnavant avec les arrérages, qui montoient 9000 besans, du 10 de mars, le 1er an de son principat et comté.

360. 20 janvier 1278. — Articles du mariage qui devoit se contracter entre Boémond VII, prince d'Antioche et comte de Tripoli, avec mademoiselle Marguerite, fille de Louis, vicomte de Beaumont au Maine, fils de Jean de Brienne, roy de Hierusalem, traités et accordés à Naples dans le château de Lœuf, en présence de Philippe, empereur de Constantinople, de Charles I, roi de Sicile, de la reine, sa femme, de Charles, prince de Salerne, son fils, d'Aiglerius, archevêque de Naples, de Pierre, évêque de......, de demoiselle Marie, dite jadis mademoiselle de Hierusalem, et de plusieurs autres seigneurs, du 20 janvier 1278.

361. 24 janvier 1278. — Conventions du mariage traité entre Nicolas de Saint-Omer, co-seigneur de Thèbes, et Marie, sœur de Boémond VII, prince d'Antioche, en présence de Philippe, empereur de Constantinople, de Charles I, roy de Sicile, et de son fils le prince de Salerne, de demoiselle Marie, apellée autrefois mademoiselle de Hierusalem, et de plusieurs autres seigneurs; fait à Naples dans le chateau de l'Oeuf, du 24 janvier 1278.

362. Sans date. — Règlement fait par des arbitres au sujet des demandes que l'ordre faisoit au prince d'Antioche sur la terre de Colebrin, sans datte.

363. Sans date. — Tarif des droits de péage.

364. Sans date. — Autre tarif des droits de péages que l'ordre avoit depuis le port des Anguilles jusques à la montagne de la Nef.

365. Sans date. — Lettre écrite au grand maître Hugues Revel par Jean........, commandeur de Tripoli, en réponse de plusieurs commissions dont il l'avoit chargé, sans date.

366. Sans date. — Lettre de Guillaume de Farabel, connestable de Tripoli, au grand maître Hugues Revel, sans date.

367. Sans date. — Donation du grand maître Hugues Revel à Boucoux, qu'il apelle son homme, fils de Mihoude de la Gaitie, d'une boutique située à Tripoli, rue du Port, et d'une maison au bourg dudit Tripoli, joignant l'église Saint-George des Jacobins, moyennant la cense de 16 besans pour la boutique et celle de 4 besans pour la maison, sans datte.

368. 5 septembre 1378. — Compromis fait entre Boémond VII, prince d'Antioche, et l'ordre des Templiers, entre les mains du grand maître Nicolas le Lorgne et Roger de Saint Séverin, comte de Marsigue, bailly du royaume de Hierusalem pour Charles I, roy de Sicile, sur plusieurs différents qui étoient entre l'ordre et ce prince, du 5 septembre 1278.

369. 16 octobre 1278. — Vente faite en présence de Bonacurse, de l'ordre des Prêcheurs, archevêque de Tyr, administrateur du patriarchat de Jérusalem et de l'évêché d'Acre, par Jean de Mamistra à frère Jean de Loche, hospitalier de la maison d'Acre, d'une pièce de terre confinant au casal de Manueth, pour le prix de 50 besans d'or sarrazinois, du 16 octobre 1278.

370. 1280. — Procuration d'Agrimont de Besan, seigneur de Tricarie, à Marin, Fallon, Pani et autres pour aller à Acre retirer de sa part une chartre, qui avoit été mise en dépôt dans les archives de l'ordre, contenant une bulle du pape Innocent IV, qui confirme à Aymeri de Besan, père dudit Agrimond, une donation dudit lieu de Tricarie par l'empereur Frédéric II, de 1280.

371. 1280. — Quittance par les procureurs d'Agrimond de Besans au grand maître, de la remise qui leur a été faite de la charte de confirmation, qui étoit en dépot dans les archives de l'ordre à Acre, de l'an 1280.

372. 5 juin 1281. — Donation d'une femme, nommée Milleval, veuve de Nicolas de la Spata, au grand maître Nicolas le Lorgne, d'une maison à Acre, joignant l'Hôpital, du 5 juin 1281.

373. 6 août 1281. — Rémission faite entre les mains de frère Guy la Guespe, lieutenant du grand maître à Acre, par frère George, moine du monastère Saint-Benoît de Albaresio, de tous les droits qu'il pouvoit prétendre contre l'ordre au nom dudit monastère, qui luy avoit été donné par les moines et l'abbé tant pour son entretien que pour autres raisons, du 6 aoust 1281.

374. 31 octobre 1281. — Sentence de Roger de Saint-Séverin, comte de Marsigue, lieutenant du roy Charles I, roy de Hierusalem et de Sicile, au sujet d'une contestature, qui étoit entre les Hospitaliers et la communauté des Pisans, pour la garde des guérites, murs et tours de la ville d'Acre, depuis la porte Saint-Antoine jusques à la porte de Maupas, que l'ordre prétendoit leur appartenir et les Pisans au contraire; par laquelle il est décidé que la garde des dites murailles doit apartenir aux Hospitaliers, du dernier octobre 1281.

375. 6 août 1281. — Quittance de frère Georges, moine de l'abbaye Saint-Benoît de Albaresio, à frère Guy la Guespe, lieutenant de grand maître à Acre, de 40 besans sarrazinois une fois pour toutes, pour raison de son entretien, quittant l'ordre de tous ses droits, en considération des bienfaits qu'il dit avoir receus du grand maître Nicolas de Lorgne, avec promesse de ne plus rien exiger pour l'avenir, du 6 aoust 1281.

376. 13 mai 1285. — Réquisition faite par frère Jean de la Croix, procureur de la maison de Saint-Jean de Hierusalem, à Nicolas de Palerme, archidiacre de l'église d'Acre et official d'Hélie, patriarche de Jérusalem, pour luy faire expédier une copie en forme d'un payement, du 13 may 1285.

377. 8 décembre 1287. — Accord fait entre le grand maître Nicolas le Lorgne et Gautier de Beloy pour les casaux de Ramesque et Bocombre, que ledit du Beloy tenoit de la maison de l'Hôpital sous le service de deux chevaliers; portant que le casal de Ramenque, avec toutes ses dépendances, appartiendra à l'ordre pour l'affranchissement dudit service, et que celuy de Bocombre demeurera audit du Beloy, du 8 décembre 1287.

378. 15 octobre (sans année). — Lettre du grand maître Nicolas le Lorgne à frère Béranger Monge, commandeur de Manosque, dattée d'Acre, du 15 octobre sans année.

Le Puy-en-Velay. — Imprimerie R. MARCHESSOU, boulevard Carnot, 23.